本書の音声について

❖『もっとレベルアップ　楽しもう韓国語』の音声ファイル（MP3）を無料でダウンロードすることができます。

「白帝社　もっとレベルアップ　楽しもう韓国語」で検索、または下記サイトにアクセスしてください。

http://www.hakuteisha.co.jp/news/n45309.html

・スマートフォンからアクセスする場合はQRコードを読み取ってください。

❖吹き込み：宋和龍・朴錬振

❖本文中の マークの箇所が音声ファイル（MP3）提供箇所です。ＰＣやスマートフォン（別途解凍アプリが必要）などにダウンロードしてご利用ください。

＊ デジタルオーディオプレーヤーやスマートフォンに転送して聞く場合は、各製品の取り扱い説明書やヘルプによってください。

＊ 各機器と再生ソフトに関する技術的なご質問は、各メーカーにお願いいたします。

＊ 本テキストと音声は著作権法で保護されています。

❖「各課」の最初のページにあるQRコードをスキャンすれば、該当課の音声をストリーミング再生できます。ダウンロードは不要です。

もっとレベルアップ

楽しもう 韓国語

金孝珍
李英珠
北原スマ子

白帝社

まえがき

本書は主に大学で１年間韓国語の初級レベルの学習をした人たちを対象に、次のステップである中級レベルの教材として使用されることを想定して作成されています。大学では長い春休みの後に中級レベルの学習に入ると、初級で学んだことを忘れて苦労する学生が沢山います。そこで本書では初級レベルの文法事項の復習から始めました。そして新規の学習内容も各課に復習欄を設けるなどして繰り返し練習できるようにしました。本教材は無理なく確実に中級レベルの実力を身につけられるように様々な工夫をしています。本書の構成と使い方は以下の通りです。

本書の構成と使い方

■ 本書は初級テキストである『即！実践楽しもう韓国語』に続く中級学習者用のテキストで、復習＋14課＋作文練習シート＋付録で構成されています。『即！実践楽しもう韓国語』で一度学習した文法内容も復習を兼ねて再度取り上げていますので、他の初級教材を使った学習者も問題なく本書を使って学習できます。

■ 冒頭の「復習」課では、中級の文法内容に入る前に初級レベルの学習内容をまとめて復習できるように、簡単な説明と練習問題を設けています。

■ 全14課のうち、7課と14課の後に「総合練習」を設けて、前半と後半で学んだ内容の理解度をチェックし、もう一度まとめて復習できるようにしています。

■ 各課は会話文、語句の解説、会話文の訳の完成、文法ポイントと練習問題、復習Plusで構成されています。

❖ 会話文の下段の「学習ポイント」にその課で習う学習内容を簡潔に提示していますので、その課の学習内容が一目で確認できます。

❖「語句の解説」は会話文の語句を新出事項はもちろん、初級レベルの事項まで説明して復習できるようにしています。なお、漢字語の単語については日本語と同じ漢字語は［　　］で、日本語と異なる漢字語は〈　　〉で示しています。

❖ 会話文の訳の完成欄は、学習ポイントを再度確認できるように重要なところを空欄にしています。

❖ 文法説明はしっかり理解できるように丁寧に説明し接続例を示しています。また接続例で使用した単語を用いて用例文を提示しています。

❖ 各課の3面からは下段に「単語ポケット」を入れています。各ページの単語をまとめていますが、紙面の関係上次のページに繰り越される場合があります。新出単語だけでなく既に初級レベルで学習した単語も掲載して、たくさん目に触れることで完ぺきに身につけられるように配慮しています。

❖ 練習問題はシチュエーションが分かりやすい対話形式の練習問題を多く取り入れて、自然と使い方が身につくように工夫しています。対話形式の問題はペアワークで練習してみましょう。

❖「復習Plus」では各課の学習ポイントをアクティビティな形式の問題にしていますので、その課の復習はもちろん応用力がつくようになっています。

■ 作文練習シートは各課に対応してついています。学習成果を確認できるように各課の文法事項を踏まえた作文問題になっています。1つの課が終わったら、作文練習シートを完成しながら確実に学習ポイントを押さえて文章が作られるかチェックしてみましょう。

■ 付録には韓日・日韓の単語リストを含め、学習に役立つ、主要助詞・文法事項・助数詞一覧、主要発音規則もついています。

韓国語は日本語と様々な点で似通っているため、日本語話者には最も学びやすい言語の一つと言えます。しかし、いくら学びやすいといっても、習得には地道な努力と根気が必要です。習ったことを確実に身につけるために復習を心がけましょう。本書はしっかり復習できるように工夫されていますので是非活用してください。

本書を出版するにあたり、お世話くださった白帝社の伊佐順子様、素敵なイラストを描いてくださった文愛実様、学習者の立場から意見をくださった細野直子様にこの場をお借りして厚くお礼申し上げます。

韓国語の学習を通して、それを話す人々の社会や文化を知り、皆さんの知的な世界をさらに深めるために、本書が少しでも役立つことを願ってやみません。

著者一同

目 次

登場人物

松岡はるか・마쓰오카 하루카

韓国の大学で韓国語を勉強している
日本人女子大学生。韓国料理好きで、
努力家。

洪秀娟・홍수연

日本に興味を持っている韓国人女子大学生。
料理好きで、はるかさんと仲良し。

朴峻晧・박준호

日本に興味を持っている韓国人男子大学生。
日本に語学研修に行った経験がある。

池田真司・이케다 신지

韓国の大学で韓国語を勉強している日本人
男子大学生。やりたいことがたくさんある
好奇心旺盛な性格。

復習

❶ 韓国語の用言と語幹

（1）用言の種類

韓国語の用言には動詞、形容詞、存在詞、指定詞の4つの品詞があります。

① 動詞：가다（行く）、먹다（食べる）など

② 形容詞：좋다（良い）、비싸다（(値段が) 高い）など

③ 存在詞：있다（いる、ある）、없다（いない、ない）など

④ 指定詞：이다（～だ、～である）、-가/이 아니다（～ではない）

※指定詞「이다」の前には体言が来ますが、体言には名詞・数詞などがあります。
本書では母音で終わる体言は母音体言、子音で終わる体言は子音体言と略して使います。

（2）語幹の種類

用言の基本形はすべて「-다」で終わります。語尾の「다」をとった部分を語幹と言います。すべての活用は、この語幹に接続語尾をつけて行います。語幹はさらに語幹末が母音で終わる母音語幹、ㄹで終わるㄹ語幹、ㄹ以外の子音で終わる子音語幹の3つに区別されます。また語幹末に陽母音（ㅏ、ㅗ）が含まれている陽母音語幹、陰母音（ㅏ、ㅗ以外）が含まれている陰母音語幹、하다で終わる하다用言の3つに区別することもあります。

基本形	語幹	語尾
① 사다（買う）	사（母音語幹）	다
② 만들다（作る）	만들（ㄹ語幹）	다
③ 적다（少ない）	적（子音語幹）	다

基本形	語幹	語尾
① 사다（買う）	사（陽母音語幹）	다
② 적다（少ない）	적（陰母音語幹）	다
③ 일하다（働く）	일하（하다用言）	다

※ㄹ語幹は母音語幹と子音語幹に分けて使う語尾（例えば「-ㅂ니다/습니다」や「-면/으면」など）は、母音語幹に接続する語尾（「-ㅂ니다」や「-면」など）がつきます。また、後ろに「ㅅ（S）／ㅂ（P）／오（O）／ㄹ（r〔終声のみ〕）／ㄴ（N）」で始まる語尾が続くとき、語幹末のㄹは脱落しますので注意してください。「SPOrN（スポーン）とㄹが脱落する」と覚えましょう。

❷用言の活用

（1）丁寧形

◆합니다体（かしこまった丁寧形）

母音語幹　　+ ㅂ니다	만나다 会う	→ **만납니다** 会います
ㄹ語幹（ㄹ脱落）+ ㅂ니다	알다 知る	→ **압니다** 知っています
子音語幹　　+ 습니다	읽다 読む	→ **읽습니다** 読みます

◆해요体（打ちとけた丁寧形）

陽母音（ㅏ, ㅗ）語幹 + 아요	좋다 良い	→	좋아요 良いです
陰母音（ㅏ, ㅗ以外）語幹 + 어요	먹다 食べる	→	먹어요 食べます
하다用言 + 여요 → 해요	전화하다 電話する	→	전화해요 電話します

※母音語幹用言に -아/어がつくと母音の縮約が生じます。縮約時、아/어が脱落したり、融合したりしますので注意しましょう。また、指定詞「-이다」は母音体言のときは「-예요」、子音体言のときは「-이에요」になります。「-가/이 아니다」は「-가/이 아니에요」になります。

母音の縮約　脱落形：ㅏ+아→ㅏ / ㅓ+어→ㅓ / ㅐ+어→ㅐ / ㅔ+어→ㅔ / ㅕ+어→ㅕ
融合形：ㅗ+아→ㅘ / ㅜ+어→ㅝ / ㅣ+어→ㅕ / ㅚ+어→ㅙ

練習1 次の用言を「합니다体」と「해요体」に直してみましょう。

基本形		（합니다体）-ㅂ니다/습니다	（해요体）-아/어요
① 사다	買う	삽니다	사요
② 기다리다	待つ		
③ 오다	来る		
④ 먹다	食べる		
⑤ 놀다	遊ぶ		
⑥ 보내다	送る		
⑦ 배우다	習う		
⑧ 좋아하다	好きだ		
⑨ 친구이다	友達だ		
⑩ 학생이다	学生だ		
⑪ 친구가 아니다	友達ではない		
⑫ 학생이 아니다	学生ではない		

（2）**否定形**

否定形は用言の前に「안」をつける方法（前置否定）と、用言の語幹に「-지 않다」（後置否定）をつける2つの方法があります。「名詞+하다」動詞の場合は「안」を「하다」の前に入れるので注意しましょう。

練習2 次の用言を否定形に直してみましょう。

基本形		안+用言（前置否定）		語幹+지 않다（後置否定）	
		합니다体	해요体	합니다体	해요体
① 먹다	食べる	안 먹습니다	안 먹어요	먹지 않습니다	먹지 않아요
② 가다	行く				
③ 살다	住む				
④ 연습하다	練習する				
⑤ 유명하다	有名だ				

（3）**過去形**

陽母音語幹	+ 았습니다 (합니다体) + 았어요 (해요体)	좋다 良い	→ 좋**았습니다** 좋**았어요**
陰母音語幹	+ 었습니다 (합니다体) + 었어요 (해요体)	먹다 食べる	→ 먹**었습니다** 먹**었어요**
하다用言	+ 였습니다 → 했습니다 (합니다体) + 였어요 → 했어요 (해요体)	전화하다 電話する	→ 전화**했습니다** 전화**했어요**

※母音語幹用言の後では母音の縮約が生じますので、注意しましょう。

※指定詞「-이다」は母音体言のときは「-였습니다(였어요)」、子音体言のときは「-이었습니다(이었어요)」になります。また「-가/이 아니다」は「-가/이 아니었습니다(아니었어요)」になります。

練習3 次の用言を過去形の「합니다体」と「해요体」に直してみましょう。

基本形		過去形（합니다体）	過去形（해요体）
① 읽다	読む	읽었습니다	읽었어요
② 살다	住む		
③ 재미있다	面白い		
④ 공부하다	勉強する		
⑤ 기다리다	待つ		
⑥ 가수이다	歌手だ		

⑦ 생일이다　誕生日だ		
⑧ 가수가 아니다　歌手ではない		

（4）尊敬形

尊敬形は母音語幹･ㄹ語幹には「−시다」を、子音語幹には「−으시다」をつけます。尊敬の過去は、母音語幹・ㄹ語幹には「−셨다」を、子音語幹には「−으셨다」をつけます。ただしㄹ語幹はㄹが脱落するので注意しましょう。また、指定詞「−이다」の尊敬形は「−이시다」になりますが、母音体言のときは一般的に指定詞の「이」は省略され、「−시다」になります。

☞尊敬形には規則どおりではなく特殊な形になるものがあります。

- ・있다→**계시다**　いらっしゃる
- ・없다→**안 계시다**　いらっしゃらない
- ・먹다/마시다→**드시다**・**잡수시다**　召し上がる
- ・자다→**주무시다**　お休みになる
- ・죽다→**돌아가시다**　お亡くなりになる

＊있다/없다が人以外、物事が主語のときは、있으시다/없으시다を使います。

尊敬の基本形 -(으)시다	尊敬の합니다体 -(으)십니다	尊敬の해요体 -(으)세요	尊敬過去の해요体 -(으)셨어요
母音語幹 + 시다	+ 십니다	+ 세요	+ 셨어요
ㄹ語幹（ㄹ脱落）+ 시다	+ 십니다	+ 세요	+ 셨어요
子音語幹 + 으시다	+ 으십니다	+ 으세요	+ 으셨어요

練習4　次の用言を尊敬形に直してみましょう。

基本形	尊敬の합니다体 −(으)십니다	尊敬の해요体 −(으)세요	尊敬過去の해요体 −(으)셨어요
① 오다　来る	오십니다	오세요	오셨어요
② 좋다　良い			
③ 살다　住む			
④ 피곤하다　疲れる			
⑤ 먹다*　食べる			
⑥ 자다*　寝る			
⑦ 있다*　いる			
⑧ 선생님이다　先生だ			

（5）その他の活用

語尾	意味	用例	
① -겠어요	～ます（意志） ～でしょう（推測）	제가 하겠어요. 비가 오겠어요.	私がします 雨が降るでしょう
② -(으)ㄹ까요?	～ましょうか（勧誘・提案） ～でしょうか（推測）	비빔밥 먹을까요? 날씨가 나쁠까요?	ビビンパ食べましょうか 天気が悪いでしょうか
③ -(으)ㅂ시다	～ましょう（勧誘・提案）	빨리 갑시다.	はやく行きましょう
④ -(으)세요	～てください（命令・指示）	여기 앉으세요.	ここに座ってください
⑤ -고	～て、し、で（事実や行為の羅列、行為の順序）	싸고 좋아요. 밥을 먹고 잤어요.	安くてよいです ご飯を食べて寝ました
⑥ -(으)러	～に（目的）	밥 먹으러 가요.	ご飯食べに行きます
⑦ -(으)면	～れば、たら、ると（仮定）	시간이 있으면	時間があれば
⑧ -지만	～けれど、が（逆接）	키는 작지만	背は低いけれど

練習5 次の用言に語尾を接続してみましょう。

基本形	-겠어요 ～ます ～でしょう	-(으)ㄹ까요? ～ましょうか ～でしょうか	-(으)ㅂ시다 ～ましょう	-(으)세요 ～てください
① 가다　行く	가겠어요	갈까요?	갑시다	가세요
② 공부하다　勉強する				
③ 읽다　読む				
④ 배우다　習う				
⑤ 살다　住む				
⑥ 크다　大きい				

練習6 次の用言に語尾を接続してみましょう。

	-고 ～て、し、で	-(으)러 ～に（目的）	-(으)면 ～れば、たら、ると	-지만 ～けれど、が
① 하다　する	하고	하러	하면	하지만
② 놀다　遊ぶ				

③ 먹다	食べる				
④ 만들다	作る				
⑤ 찍다	撮る				
⑥ 사다	買う				
⑦ 작다	小さい				

❸ 数詞

（1）漢数詞

0	1	2	3	4	5	6	7	8	9	10
공/영	일	이	삼	사	오	육	칠	팔	구	십
電話番号	11	20	30	40	百	千	万	億	兆	十兆
	십일	이십	삼십	사십	백	천	만	억	조	십조

●漢数詞の後につく助数詞

～年	～月	～日	～分	～ウォン	～円	～階	～年生	～年生まれ	～人前
-년	-월	-일	-분	-원	-엔	-층	-학년	-년생	-인분

（2）固有数詞〔直後に助数詞が続くと（　　）内の形になる〕

1	2	3	4	5	6	7	8	9	10
하나(한)	둘(두)	셋(세)	넷(네)	다섯	여섯	일곱	여덟	아홉	열
20	30	40	50	60	70	80	90	百	100以上は漢数詞で数える
스물(스무)	서른	마흔	쉰	예순	일흔	여든	아흔	백→	

●固有数詞の後につく助数詞

～個	～歳	～時	～度	～名	～冊	～杯	～枚	～本(瓶)	～匹
-개	-살	-시	-번	-명	-권	-잔	-장	-병	-마리

練習7 次の語句を韓国語で書いてみましょう。

（1）4個 　　　　（2）3杯

（3）11時10分 　　　　（4）5階

（5）20歳 　　　　（6）1年生（学年）

（7）1987年6月10日 　　　　（8）19,800ウォン

（9）2人前 　　　　（10）2名

❹ 助詞〔付録の「主要助詞一覧」を参照〕

練習8 日本語に合うように□の中から適切な助詞を選んで書き入れてみましょう。

-는/은	-를/을	-도	-와/과	-의	-에	-에게

（1） 저(　　　　) 대학생입니다. 　　私は大学生です

（2） 제 여동생(　　　　) 대학생입니다. 　　私の妹も大学生です

（3） 이것은 친구(　　　　) 가방입니다. 　　これは友達のカバンです

（4） 한국어(　　　　) 공부하러 도서관(　　　　) 가요. 　　韓国語を勉強しに図書館に行きます

（5） 12시(　　　　) 점심(　　　　) 먹어요. 　　12時に昼食を食べます

（6） 교실(　　　　) 선생님(　　　　) 학생이 있어요. 　　教室に先生と学生がいます

（7） 친구(　　　　) 전화를 걸었어요. 　　友達に電話をかけました

（8） 무슨 운동(　　　　) 좋아합니까? 　　どんな運動が好きですか

（9） 오후에 친구(　　　　) 만나요. 　　午後友達に会います

（10） 어디서 버스(　　　　) 타요? 　　どこでバスに乗りますか

練習9 日本語に合うように□の中から適切な助詞を選んで書き入れてみましょう。

-가/이	-에서	-부터	-까지	-(으)로

（1） 저는 한국 사람(　　　　) 아닙니다. 　　私は韓国人ではありません

（2） 그 사람은 제 친구(　　　　) 아니에요. 　　その人は私の友達ではありません

（3） 친구(　　　　) 집에 놀러 왔어요. 　　友達が家に遊びに来ました

（4） 집(　　　　) 학교(　　　　) 1시간 정도 걸려요. 　　家から学校まで1時間ぐらいかかります

（5） 6시(　　　　) 10시(　　　　) 아르바이트를 해요.　６時から10時までアルバイトをします

（6） 도서관(　　　　) 같이 책을 읽읍시다.　図書館で一緒に本を読みましょう

（7） 오사카까지 신칸센(　　　　) 갑니다.　大阪まで新幹線で行きます

（8） 병원에는 택시(　　　　) 갑니다.　病院にはタクシーで行きます

（9） 학교까지 전철(　　　　) 가요.　学校まで電車で行きます

❺ 疑問詞

何	誰	どこ	いつ	いくら	どう どのように	いくつ 何〜	何の どんな
무엇 *뭐 (무엇の縮約) *뭘 (무엇을の縮約)	누구	어디	언제	얼마	어떻게	몇 -	무슨 -

練習10 文章の意味が通じるように適切な疑問詞を選んでみましょう。

（1） 생일이 (뭐 / 언제 / 어디)예요?

（2） 이 가방은 (얼마 / 어떻게 / 누구)예요?

（3） 하루카 씨는 (무엇 / 몇 / 무슨) 학년이에요?

（4） 준호 씨는 취미가 (뭐 / 어디 / 언제)예요?

（5） 학생 식당은 (뭐 / 누구 / 어디)에 있어요?

（6） (무엇 / 무슨 / 몇) 운동을 좋아해요?

（7） 집에서 학교까지 (얼마 / 어디 / 어떻게) 가요?

（8） 오후에 (누구 / 어디 / 언제)를 만나요?

第1課

1-1

이번 학기에도 한국어 수업을 듣고 있어요.

今学期も韓国語の授業をうけています。

会話

하루카 ❶ 준호 씨, 오래간만이에요. 요즘 어떻게 지내요?

준호 ❷ 잘 지내요.

❸ 하루카 씨는 한국어 공부 열심히 **하고 있지요**?

하루카 ❹ 네, 이번 학기에도 한국어 수업을 **듣고 있어요**.

❺ 하지만 한국말이 안 늘어요.

준호 ❻ 아니에요. 작년보다 많이 늘었어요.

❼ 한국 사람처럼 발음도 좋아요.

하루카 ❽ 정말이에요? 그런데 아직 회화를 잘 못해요.

❾ 이번 학기에도 한국말을 **가르쳐 주시겠어요**?

준호 ❿ 물론이죠. 언제든지 말씀하세요.

하루카 ⓫ 고마워요. 나중에 제가 **한턱낼게요**.

学習ポイント

1. -아/어 주세요/주시겠어요?
   ～てください/ていただけますか（依頼）
2. -(으)ㄹ게요
   ～ます（よ、から）（意志・約束）
3. -고 있다
   ～ている（動作の進行）

1-2

発音

❶	어떻게	〔어떠케〕
❸	열심히	〔열씨미〕
❸	있지요	〔읻찌요〕
❻	작년보다	〔장년보다〕
❽	잘 못해요	〔잘 모태요〕
❿	물론이죠	〔물로니조〕
⓫	한턱낼게요	〔한텅낼께요〕

語句の解説

❶ 오래간만이에요	お久しぶりです	-보다	〜より（比較）
요즘	最近、この頃、近頃	많이	たくさん、とても
어떻게	どのように、どう	❼ -처럼	〜のように、と同じく
지내다	過ごす	발음	［発音］
❷ 잘	よく、うまく、元気に	❽ 정말	本当（に）、とても
❸ 한국어	［韓国語］	그런데	ところが、ところで、ですが
공부	勉強〈工夫〉	아직	まだ
열심히	［熱心］に	회화	［会話］
-고 있다	〜ている（動作の進行）	-를/을 잘 못하다	〜が上手ではない、〜がよくできない（助詞の使い方に注意）
-지요(?)	〜ますよね、ですよね（確認や同意の求め、用言に接続）	❾ 가르치다	教える
❹ 이번	今度（の）、今回（の）	-아/어 주시겠어요?	〜ていただけますか（丁寧な依頼）
학기	［学期］	❿ 물론	もちろん［勿論］
-에도	〜（に）も	-(이)죠	〜ですよ（ね） ＊-(이)지요の縮約形（体言に接続）
수업을 듣다	［授業］をうける 듣다（ㄷ不規則、9課）	언제든지	いつでも
❺ 하지만	しかし、けれども	말씀하시다	おっしゃる（尊敬語）
한국말	［韓国］語	⓫ 고마워요	ありがとうございます ＊고맙다：ありがたい（ㅂ不規則、6課）
늘다	上達する、増える	나중에	後で、後日に
❻ 아니에요	いえいえ、いやー	한턱내다	おごる、ご馳走する
작년	［昨年］、去年	-(으)ㄹ게요	〜ます（よ、から）（意志・約束）

会話の訳を完成してみましょう。

하루카：❶ チュノさん、お久しぶりです。最近どう過ごしていますか。

준　호：❷ ……………………………………

❸ はるかさんは、韓国語の勉強頑張っていますよね。

하루카：❹ はい、今学期も韓国語の……………………………………

❺ でも、韓国語が……………………………………

준　호：❻ いえいえ。去年よりとても上手になりました。

❼ …………………………………… 発音もいいです。

하루카：❽ 本当ですか。ですがまだ……………………………………

❾ 今学期も韓国語を……………………………………

준　호：❿ もちろんですよ。いつでもおっしゃってください。

하루카：⓫ ありがとうございます。後で私が……………………………………

1-3

ポイント1 -아/어 주세요/주시겠어요? ～てください/ていただけますか（依頼）

相手に丁寧にお願いする表現です。「-아/어 주세요」より「-아/어 주시겠어요?」のほうがより相手に配慮した丁寧な感じの依頼表現です。「좀」を前に入れて「좀 -아/어 주세요」「좀 -아/어 주시겠어요?」（ちょっと～てください・～ていただけますか）の形をとると、よりソフトな雰囲気になります。

【～てください】

陽母音語幹 ＋아 주세요
陰母音語幹 ＋어 주세요
하다用言 →해 주세요

【～ていただけますか】

陽母音語幹 ＋아 주시겠어요?
陰母音語幹 ＋어 주시겠어요?
하다用言 →해 주시겠어요?

닫다　閉める　→　닫**아 주세요**　/　닫**아 주시겠어요**?
가르치다　教える　→　가르**쳐 주세요**　/　가르**쳐 주시겠어요**?
전화하다　電話する　→　전화**해 주세요**　/　전화**해 주시겠어요**?

창문 좀 닫아 주세요. / 닫아 주시겠어요?　ちょっと窓を閉めてください/閉めていただけますか。
길 좀 가르쳐 주세요. / 가르쳐 주시겠어요?　ちょっと道を教えてください/教えていただけますか。
나중에 전화해 주세요. / 전화해 주시겠어요?　後で電話してください/電話していただけますか。

練習1 《보기》のように質問に答えて、対話練習をしてみましょう。

《보기》 가 : 길을 알아요?　(아뇨, 좀 가르치다)
나 : 아뇨, 좀 가르쳐 주세요. / 가르쳐 주시겠어요?

(1) 가 : 하루카 씨를 알아요?　(아뇨, 좀 소개하다)
나 : ……………………

(2) 가 : 덥습니까?　(네, 에어컨 좀 켜다)
나 : ……………………

(3) 가 : 춥습니까?　(네, 창문 좀 닫다)
나 : ……………………

(4) 가 : 뭘 드시겠어요?　(메뉴판 좀 보이다)
나 : ……………………

(5) 가 : 어디서 내리세요?　(학교 앞에서 세우다)
나 : ……………………

単語ポケット（1－1）

1-4

닫다	閉める、閉じる	길	道	덥다	暑い	뭘	何を
가르치다	教える	나중에	後で	에어컨	エアコン	드시다	召し上がる
창문	窓	알다	知る、わかる	켜다	つける	메뉴판	メニュー（板）
좀	ちょっと	소개하다	紹介する	춥다	寒い	보이다	見せる、見える

ポイント2　-(으)ㄹ게요　～ます（よ、から）（意志・約束）

1-5

　話し手の意志や約束を表します。親しい間柄でよく使われる表現で、主に話し言葉で使われます。質問には使いません。意志や意向を尋ねる表現としては、「-겠어요?」があります。さらに、尊敬の「-(으)시」と合わせて「-(으)시겠어요？」（～されますか）の形になると、より丁寧な質問になります。「게」の発音は濃音〔께〕です。

母音語幹	＋ ㄹ게요	가다	行く	→	**갈게요**	行きますよ
ㄹ語幹（ㄹ脱落）	＋ ㄹ게요	만들다	作る	→	**만들게요**	作りますよ
子音語幹	＋ 을게요	먹다	食べる	→	**먹을게요**	食べますよ

먼저 갈게요.　　先に行きますよ。
제가 만들게요.　　私が作りますよ。
나중에 먹을게요.　　後で食べますよ。

練習2　《보기》のように答えと訳を書き入れて、対話練習をしてみましょう。

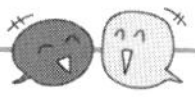

《보기》　가：어디서 기다리시겠어요?　　（학교 앞에서 기다리다）
　　　　　나：학교 앞에서 기다릴게요.　　（学校の前で待ちます（よ、から））

（1）가：몇 시까지 오시겠어요?　　（7시까지 가다）
　　 나：　　（　　）

（2）가：지금 출발하시겠어요?　　（아뇨, 나중에 출발하다）
　　 나：　　（　　）

（3）가：누가 만드시겠어요?　　（제가 만들다）
　　 나：　　（　　）

（4）가：밥 안 드시겠어요?　　（네, 나중에 먹다）
　　 나：　　（　　）

（5）가：현금으로 계산하시겠어요?　　（아뇨, 신용카드로 계산하다）
　　 나：　　（　　）

単語ポケット（1－2）

1-6

내리다	降りる、降る	먼저	先に	지금	今	현금	現金
앞	前	제가	私が	출발하다	出発する	-(으)로	～で（手段、方法）
세우다	止める	기다리다	待つ	누가	誰が	계산하다	計算する、勘定する
만들다	作る	몇 시	何時	밥	ご飯	신용카드	クレジットカード

1-7

ポイント3 -고 있다　～ている（動作の進行）

ある動作が進行していることを表します。過去形は「-고 있었다（～ていた）」、尊敬形は「-고 계시다（～ていらっしゃる）」です。

語幹 + 고 있다

읽다 →	**읽고 있어요**	/ **읽고 있었어요**	/ **읽고 계세요**
読む	読んでいます	読んでいました	読んでいらっしゃいます
보다 →	**보고 있습니다**	/ **보고 있었습니다**	/ **보고 계십니다**
見る	見ています	見ていました	見ていらっしゃいます

練習3 《보기》のように絵を参考にして、各質問に答えと訳を書き入れましょう。
また絵を見ながら自由に対話練習をしてみましょう。

《보기》　가 : 주원 씨는 지금 뭐 하고 있어요?
　　　　　나 : 텔레비전을 보고 있어요.　　（テレビを見ています）

음악을 듣다　　텔레비전을 보다　　신문을 읽다　　청소를 하다　　운동을 하다

리사　　주원　　할아버지　　하루카　　준호

（1） 가 : 하루카 씨는 지금 뭐 하고 있어요?
　　 나 : ……………………（　　　　　　　）

（2） 가 : 리사 씨는 지금 뭐 하고 있어요?
　　 나 : ……………………（　　　　　　　）

（3） 가 : 준호 씨는 지금 뭐 하고 있어요?
　　 나 : ……………………（　　　　　　　）

（4） 가 : 할아버지께서는 지금 뭐 하고 계세요?
　　 나 : ……………………（　　　　　　　）

単語ポケット（2 － 1）

1-8

읽다	読む	신문	新聞	-께서는	～は（尊敬）	-하고	～と
뭐	何、何を	청소	掃除	깎다	（金額を）まける、削る	누나	姉（←弟）
음악	音楽	운동	運動	비싸다	（値段）高い	언제	いつ
듣다	聞く、聴く	할아버지	おじいさん	누구	誰	전화하다	電話する

復習Plus

❶《보기》のように［　］の中から適切なものを選んで、続きの依頼文を作ってみましょう。

~~에어컨 좀 켜다~~	좀 깎다
창문 좀 닫다	좀 기다리다

《보기》덥습니다. 에어컨 좀 켜 주세요.（暑いです。ちょっとエアコンをつけてください。）

（1） 춥습니다. ……………………（　　　　　　　　）

（2） 10시까지 갈게요. ……………………（　　　　　　　　）

（3） 비싸요. ……………………（　　　　　　　　）

❷《보기》のように各質問に自由に答えて、隣の人にインタビューしてみましょう。
下記の【参考】語彙を用いてもよいです。

質問	私の答え	相手の答え
《보기》누구하고 오시겠어요?	누나하고 갈게요	친구하고 갈게요
（1）어디서 기다리시겠어요?		
（2）언제 전화하시겠어요?		
（3）계산은 어떻게 하시겠어요?		

【参考】（1）학교　도서관　식당　카페　（2）내일　모레　오전　오후
（3）현금으로 하다　신용카드로 하다　모바일페이로 하다

❸ 次の日本語を韓国語に直してみましょう。

（1） 名前を教えていただけますか。

⇨ ……………………

（2） 明日までにメールを送ってください。

⇨ ……………………

（3） 他人には絶対に話しませんから。

⇨ ……………………

（4） はるかさんのお母さんは市役所で働いていらっしゃいます。

⇨ ……………………

単語ポケット（2－2）

1-9

식당	食堂	오전	午前	메일	メール	절대로	絶対に
카페	カフェ	오후	午後	보내다	送る	말하다	言う、話す
내일	明日	모바일페이	モバイルペイ	다른 사람	他人	시청	市役所
모레	あさって	이름	名前	-에게	～（人・動物）に	일하다	働く

第2課

2-1

머리가 아파서 못 가겠어요.

頭が痛くて行けそうにありません。

会話

하루카 ① 여보세요. 준호 씨지요?

준호 ② 네, 저예요. 하루카 씨 무슨 일 있어요?

③ 목소리가 안 좋아요.

하루카 ④ 저기…, 머리가 너무 **아파서** 오늘 **못 가겠어요**.

⑤ 죄송하지만 약속을 미루고 싶어요.

⑥ 다음 주는 어때요?

준호 ⑦ 괜찮아요. 약은 먹었어요?

하루카 ⑧ 아니요. 아직 안 먹었어요.

준호 ⑨ 약 먹고 푹 쉬세요.

⑩ 그래도 안 좋으면 병원에 꼭 가세요.

하루카 ⑪ 네, 고마워요.

준호 ⑫ 혹시 무슨 일 있으면 저한테 전화하세요.

学習ポイント

1. -아/어서
   ～て、～ので、～から（動作の先行、理由・原因）
2. 으不規則活用
3. 못 -
   ～できない、～(ら)れない（不可能）

発音

2-2

② 무슨 일	〔무슨닐〕
④ 못 가겠어요	〔몯까게써요〕
⑥ 다음 주	〔다음쭈〕
⑨ 약 먹고	〔양먹꼬〕
⑫ 혹시	〔혹씨〕

語句の解説

❶ 여보세요	もしもし
❷ 무슨 일	何か、何の用、何事 *무슨 일 있어요?：何かありますか、どうかしましたか
❸ 목소리	声
❹ 저기…	あのう…
머리	頭、髪
너무	とても、あまりに
아프다	痛い（으不規則）
-아/어서	～て、ので、から（理由・原因）
오늘	今日
못 -	～できない（不可能）
❺ 죄송하다	申し訳ない〈罪悚－〉
-지만	～けれど、が
약속	［約束］
미루다	延期する
-고 싶다	～たい（希望）
❻ 다음 주	来［週］
어때요?	どうですか
❼ 괜찮다	大丈夫だ、構わない
약	［薬］
먹다	食べる、（薬）飲む
❽ 아직 안 -았/었다	まだ～ていない（未実現・未完了）
❾ -고	～て、し（動作の時間的羅列）
푹	ゆっくり、たっぷり、じっくり
쉬다	休む
❿ 그래도	それでも
-(으)면	～れば、たら、ると（仮定）
병원	［病院］
꼭	必ず、ぜひ
⓬ 혹시	もし、もしかして〈或是〉
-한테	～（人や動物を対象）に *話し言葉で使用
전화하다	［電話］する

会話の訳を完成してみましょう。

하루카：❶ もしもし、チュノさんでしょ。

준　호：❷ はい、私です。はるかさん ______________________

❸ 声がよくないです。

하루카：❹ あのう…、頭がとても ______________________

❺ 申し訳ありませんが、______________________

❻ 来週はどうですか。

준　호：❼ 構いません。薬は飲みましたか。

하루카：❽ いいえ、______________________

준　호：❾ ______________________

❿ それでもよくならなかったら病院に必ず行ってください。

하루카：⓫ はい、ありがとうございます。

준　호：⓬ もし何かあったら私に電話してください。

2-3

ポイント1　-아/어서　～て、～ので、～から（動作の先行、理由・原因）

用言の語幹に接続して、①動作の先行（～て）や②理由・原因（～て、～ので、～から）を表します。体言につく指定詞は「-(이)라서」（～なので）になります。指定詞「-이다」（～だ）の「이」は母音体言の後では省略します。終結語尾「-요」をつけた「-아/어서요」（～てです、～からです）」の形で文末でもよく使われます。

陽母音語幹　＋아서	일어나다	起きる	→	일어나서	起きて
陰母音語幹　＋어서	만들다	作る	→	만들어서	作って
하다用言　→해서	좋아하다	好きだ	→	좋아해서	好きで

① 動作の先行（～て）

아침에 일어나서 운동을 해요.　朝起きて運動をします。

비빔밥을 만들어서 먹었어요.　ビビンパを作って食べました。

② 理由・原因（～て、～ので、～から）

한국 요리를 좋아해서 한국 식당에 자주 가요.　韓国料理が好きで韓国料理店によく行きます。

늦어서 죄송해요.　遅れて申し訳ありません。

형이라서(오빠라서) 늘 참아요.　兄なのでいつも我慢しています。

謝罪や感謝などの感情表現と相性がよいです。

「-아/어서」の制約

어제는 수업이 없어서(~~없었어서~~) 학교에 안 갔어요.

昨日は授業がなかったので学校に行きませんでした。

過去のことであっても過去の「-았/었」を入れません。（-았/었어서×）

약속이 ~~있어서~~ (있으니까) 내일 만날까요?

約束があるので明日会いましょうか。

理由・原因の意の「-아/어서」は-(으)세요/-(으)ㄹ까요?/-(으)ㅂ시다などの命令文や勧誘文では使えません。命令文や勧誘文では６課の「-(으)니까」を使います。

練習1　《보기》のように-아/어서を用いて、AとBを一文にして訳してみましょう。

《보기》　A. 도서관에 가다　　B. 책을 빌리다

⇨ 도서관에 가서 책을 빌려요.（図書館に行って本を借ります）

（１）　A．백화점에 가다　　　B．선물을 사다

⇨ ……………………………………（　　　　　　）

（２）　A．친구 집에 모이다　　B．게임을 하다

⇨ ……………………………………（　　　　　　）

単語ポケット（１－１）

2-4

일어나다	起きる	참다	我慢する	사다	買う	라면	ラーメン
요리	料理	빌리다	借りる	집	家	끓이다	沸かす
자주	よく、頻繁に	백화점	百貨店、デパート	모이다	集まる	라면을 끓이다	ラーメンを作る
늦다	遅れる	선물	プレゼント	게임	ゲーム	비가 오다	雨が降る

（3） A．라면을 끓였다　　　B．먹었다

⇨ ………………………………………………（　　　　　　　　）

（4） A．비가 왔다　　　B．우산을 샀다

⇨ ………………………………………………（　　　　　　　　）

（5） A．피곤하다　　　B．쉬고 있다

⇨ ………………………………………………（　　　　　　　　）

ポイント2 으不規則活用

2-5

語幹末が「ㅡ」で終わる用言の大部分は語幹に「-아/어」で始まる語尾が続くと、으不規則活用をします。ただし、語幹末が「르」で終わる用言の大部分は「르」不規則活用をします。（11課参照）

語幹末「ㅡ」に「-아/어」で始まる語尾が続くと、
①「ㅡ」が脱落し、
②「ㅡ」の前の音節の母音が 陽母音の場合は「ㅏ」で始まる語尾を、
陰母音の場合は「ㅓ」で始まる語尾を、
1音節語幹の場合は「ㅓ」で始まる語尾をつける。

		【-아/어서（～て）】	【-아/어요（～ます、です）】
·아프다 痛い	：	아ㅍ+ㅏ서 ⇨ 아파서	아ㅍ+ㅏ요 ⇨ 아파요
·기쁘다 うれしい	：	기ㅃ+ㅓ서 ⇨ 기뻐서	기ㅃ+ㅓ요 ⇨ 기뻐요
·크다 大きい	：	ㅋ+ㅓ서 ⇨ 커서	ㅋ+ㅓ요 ⇨ 커요

배가 아파서 병원에 갔어요.　　お腹が痛くて病院に行きました。
선물을 받아서 기뻐요.　　プレゼントをもらって嬉しいです。
여동생은 저보다 키가 커요.　　妹は私より背が高いです。

練習2 次の用言に語尾を接続してみましょう。

基本形	-아/어서 ～て、ので、から	-아/어요 ～ます、です	-았/었어요 ～ました、かったです
① 바쁘다 忙しい			
② 예쁘다 きれいだ			
③ 슬프다 悲しい			

単語ポケット（1－2）

2-6

우산	傘	기쁘다	嬉しい	바쁘다	忙しい	나쁘다	悪い
피곤하다	疲れる	크다	大きい	예쁘다	きれいだ	모으다	集める
쉬다	休む	받다	もらう、受け取る	슬프다	悲しい	끄다	消す
아프다	痛い	키가 크다	背が高い	쓰다	書く、使う	고프다	空腹だ

④ 쓰다　書く、使う			
⑤ 나쁘다 悪い			
⑥ 모으다 集める			
⑦ 끄다　消す			
⑧ 고프다 空腹だ			

2-7

ポイント3 못 -　～できない、～(ら)れない(不可能)

動詞の前につけて不可能を表します(前置不可能形)。ただし、「名詞+하다(する)」動詞の場合は、하다(する)の前に「못」をつけます。話し言葉でよく使われます。同じ意味で「語幹+지 못하다」(後置不可能形)も一緒に覚えておきましょう。못〔몯〕は、後続の初声によって発音変化が起きますので、注意しましょう。

못　+動詞	가다	行く	→	못 가다	行けない
語幹　+지 못하다	연습하다	練習する	→	연습 못 하다	練習できない
	먹다	食べる	→	**먹지 못하다**	食べられない

비가 와서 못 가요.　/ 가지 못해요.　雨が降って行けません。
〔몯까요〕　〔모태요〕

연습 못 했어요.　/ 연습하지 못했어요.　練習できませんでした。
〔모태써요〕　〔모태써요〕

바빠서 밥도 못 먹습니다.　/ 먹지 못합니다.　忙しくてご飯も食べられません。
〔몬먹씁니다〕　〔모탐니다〕

일찍 못 와서 미안해요.　/ 오지 못해서 미안해요.　早く来られなくてすみません。
〔모돠서〕　〔모태서〕

일찍 못 일어나요.　/ 일어나지 못해요.　早く起きられません。
〔몬니러나요〕　〔모태요〕

練習3 《보기》のように答えを書き入れ、対話練習をしてみましょう。

《보기》 가 : 왜 밥을 안 먹었어요? (배가 아프다)
나 : 배가 아파서 못 먹었어요. / 먹지 못했어요.

単語ポケット(2－1)

2-8

일찍	早く	영화	映画	일	仕事	눈이 오다	雪が降る
왜	なぜ、どうして	표	チケット	휴대폰	携帯電話	울다	泣く
배	お腹	생일	誕生日	고장나다	故障する、壊れる	너무	あまりに
등산	登山	파티	パーティー	산책	散歩、散策	머리	頭、髪

（1） 가：왜 등산을 안 갔어요?　　　　(머리가 아프다)
나：………………………………………………………… /

（2） 가：왜 영화를 안 봤어요?　　　　(표가 없다)
나：………………………………………………………… /

（3） 가：왜 생일 파티에 안 왔어요?　　(일이 바쁘다)
나：………………………………………………………… /

（4） 가：왜 메일을 안 보냈어요?　　　(휴대폰이 고장나다)
나：………………………………………………………… /

（5） 가：왜 산책을 안 했어요?　　　　(눈이 오다)
나：………………………………………………………… /

復習Plus

❶ 各用言に「-아/어서요」(～てです、～からです) を接続して、自由に答えを選んでみましょう。また隣の人にインタビューしてみましょう。

（1）왜 울었어요?　　私（　　　）　相手（　　　）

① 영화가 슬프다 → 영화가 슬퍼서요　　② 너무 기쁘다 → …………

③ 머리가 아프다 → …………　　④ 기분이 나쁘다 → …………

（2）왜 지각했어요?　私（　　　）　相手（　　　）

① 늦잠을 자다 → …………　　② 알람 시계가 고장나다 → …………

③ 길이 막히다 → …………　　④ 몸이 아프다 → …………

❷ 次の日本語を韓国語に直してみましょう。(文末は해요体に)

（1） 友達に会って映画館に行きました。

⇨ …………………………………………

（2） 昨日は忙しくて連絡できませんでした。

⇨ …………………………………………

（3） ボーイフレンドと別れて悲しいです。

⇨ …………………………………………

（4） 明日は試験なので遊びに行けません。

⇨ …………………………………………

単語ポケット（2 － 2）

2-9

기분	気分	막히다	渋滞する	만나다	会う	남자 친구	ボーイフレンド
지각하다	遅刻する	몸	体	영화관	映画館	헤어지다	別れる
늦잠을 자다	寝坊する	몸이 아프다		어제	昨日	시험	試験
알람 시계	アラーム時計		体調(具合)がわるい	연락하다	連絡する	놀다	遊ぶ

第3課

3-1

제주도에 가 봤어요?

済州島に行ってみましたか。

◆会話◆

준호 ❶ 신지 씨 제주도에 **가 봤어요**?

신지 ❷ 아니요, 아직 **안 가 봤어요**.

준호 ❸ 이번 주 토요일에 동아리 친구들이랑 제주도에 가요.

신지 ❹ 와, **부럽네요**.

준호 ❺ 같이 가시겠어요?

신지 ❻ 정말요? 저도 꼭 한번 **가 보고 싶었어요**.

준호 ❼ **잘됐네요**. 그럼 같이 가요.

신지 ❽ 어디서 몇 시에 만나요?

준호 ❾ 아침 7시에 학교 앞에서 만나서 **출발하기로 했어요**.

신지 ❿ 네, 알겠어요.

⓫ 그럼, 토요일 아침에 학교 앞에서 봐요.

学習ポイント

1. -아/어 보다
   ～てみる（試み・経験）
2. -네요
   ～ですね、～ますね（感嘆・驚き）
3. -기로 하다
   ～ことにする（約束・決定・決心）

3-2

発音

❸ 이번 주	〔이번쭈〕	❼ 잘됐네요	〔잘됀네요〕
❹ 부럽네요	〔부럼네요〕	❽ 몇 시에	〔멷씨에〕
❺ 같이	〔가치〕	❾ 7시에	〔일곱씨에〕
❻ 정말요	〔정말료〕		

語句の解説

❶ 제주도	[済州島] (地名)	❻ -요(?)	~です (か) *体言・助詞・副詞・語尾などにつけて丁寧な表現にしたり、同じ表現の反復を避けたりする。(話し言葉で使用)
-에	~ (場所・時) に	한번	一度〈一番〉
-아/어 보다	~てみる (試み・経験)	-아/어 보고 싶다	~てみたい
❷ 아직 안 -아/어 봤다	まだ~てみたことがない (未経験、時制に注意)	❼ 잘되다	うまくいく *잘됐네요 : よかったです (ね)
❸ 이번 주	今 [週]	그럼	では、じゃ、それなら
토요일	[土曜日]	❽ 몇 시	何 [時]
동아리	サークル	만나다	会う
친구	友達、友人〈親旧〉	❾ 아침	朝、朝食
-들	~ら、たち、等 (複数を表す接尾語)	앞	前
-(이)랑	~と、や *話し言葉でよく使われる	출발하다	[出発] する
❹ 와	わあ (感嘆詞)	-기로 하다	~ことにする (約束・決定・決心)
부럽다	うらやましい (ㅂ不規則、6課)	❿ 알겠어요	わかりました
-네요	~ですね、ますね (感嘆・驚き)	⓫ 보다	見る、会う
❺ 같이	一緒に、ともに		

会話の訳を完成してみましょう。

준호 : ❶ 真司さん、済州島に

신지 : ❷ いいえ、

준호 : ❸ 今週の土曜日に　　　　済州島に行きます。

신지 : ❹ わあ、

준호 : ❺ 一緒に行かれますか。

신지 : ❻ 本当ですか。　私もぜひ一度

준호 : ❼ よかったですね。では一緒に行きましょう。

신지 : ❽ どこで何時に会うんですか。

준호 : ❾ 朝 7 時に学校の前で会って

신지 : ❿ はい、わかりました。

⓫ では土曜日の朝、学校の前で

3-3

ポイント1 -아/어 보다　～てみる（試み・経験）

動詞の語幹に接続して、ある行為を試したり経験したりすることを表します。現在時制では「試み」を、過去時制では「経験」を表します。

陽母音語幹 ＋아 보다	가다 行く	→	가 보다 行ってみる	/ 가 봤다 行ってみた
陰母音語幹 ＋어 보다	입다 着る	→	입어 보다 着てみる	/ 입어 봤다 着てみた
하다用言 →해 보다	여행하다 旅行する	→	여행해 보다 旅行してみる	/ 여행해 봤다 旅行してみた

한복을 입어 봤어요.　　　　　韓服を着てみました。
혼자서 여행해 보고 싶어요.　　１人で旅行してみたいです。

「아직 안 -아/어 봤어요」（まだ～てみたことがありません）の形で、未経験を表します。

부산에 가 봤어요?　　/　아뇨, 아직 안 가 봤어요.
釜山に行ってみましたか。　　いいえ、まだ行ってみたことがありません。
삼계탕 먹어 봤어요?　/　아뇨, 아직 안 먹어 봤어요.
参鶏湯食べてみましたか。　　いいえ、まだ食べてみたことがありません。

練習１ 《보기》のように対話文を作り、対話練習をしてみましょう。

《보기》 떡볶이를 먹다
가：떡볶이를 먹어 봤어요?
나：네, 먹어 봤어요. / 아뇨, 아직 안 먹어 봤어요.

（１） 한강에서 유람선을 타다
가：＿＿＿＿＿＿＿＿
나：네, ＿＿＿＿＿＿＿＿

（２） 인삼차를 마시다
가：＿＿＿＿＿＿＿＿
나：네, ＿＿＿＿＿＿＿＿

（３） 찜질방에 가다
가：＿＿＿＿＿＿＿＿
나：아뇨, ＿＿＿＿＿＿＿＿

単語ポケット（１－１）

3-4

입다	着る	부산	釜山（地名）	유람선	遊覧船	찜질방	韓国式サウナ
여행하다	旅行する	삼계탕	参鶏湯（料理名）	타다	乗る	온천욕을 하다	
한복	韓国服	떡볶이	トッポキ（料理名）	인삼차	高麗人参茶		温泉に入る
혼자서	一人で	한강	漢江（河川名）	마시다	飲む	봄	春

（4） 한국에서 온천욕을 하다
가 : ....
나 : 아뇨, ...

ポイント2 -네요　～ですね、～ますね（感嘆・驚き）

3-5

用言の語幹に接続して、何かに気づいたり、驚いたり、感嘆する気持ちを表します。過去時制のときは「-았/었네요」になります。また指定詞「-이다」は「-이네요」になりますが、母音体言の後では「이」が省略されます。

語幹 + 네요
（ㄹ語幹はㄹ脱落）

춥다	寒い	→	춥**네요**	寒いですね
알다	知る	→	아**네요**	知っていますね
왔다	来た	→	왔**네요**	来ましたね
봄이다	春だ	→	봄이**네요**	春ですね

오늘은 정말 춥네요.　　今日は本当に寒いですね。
한국 노래를 잘 아네요.　　韓国の歌をよく知っていますね。
일찍 왔네요.　　早く来ましたね。
벌써 봄이네요.　　もう春ですね。

練習2 《보기》のように答えと訳を書き入れ、対話練習をしてみましょう。

《보기》 가 : 저 사람이 제 남자 친구예요.　（남자 친구가 키가 크다）
나 : 남자 친구가 키가 크네요.　（ボーイフレンドは背が高いですね）

（1） 가 : 이 가방 어때요?　（참 예쁘다）
나 : ....（　　　　　　　　　　）
（2） 가 : 어제 소포가 도착했어요.　（빨리 도착했다）
나 : ....（　　　　　　　　　　）
（3） 가 : 제 가족 사진이에요.　（가족이 많다）
나 : ....（　　　　　　　　　　）
（4） 가 : 아침부터 비가 많이 와요.　（네, 정말 많이 오다）
나 : ....（　　　　　　　　　　）
（5） 가 : 일요일에도 일을 했어요.　（휴일에도 열심이다）
나 : ....（　　　　　　　　　　）

単語ポケット（1 － 2）

3-6

노래	歌	어때요?	どうですか	도착하다	到着する	아침	朝、朝食
벌써	すでに、もう	참	とても	가족	家族	일요일	日曜日
제	私の	소포	小包	사진	写真	휴일	休日
가방	カバン	빨리	速く、早く	많다	多い	열심이다	熱心だ

3-7

ポイント3 -기로 하다　~ことにする（約束・決定・決心）

動詞の語幹に接続して、約束・決定・決心を表します。「-기로 해요」（~ことにしましょう）と「-기로 했어요」（~ことにしました）の形でよく使われます。

語幹 + 기로 하다	만나다	会う	→	만나**기로 하다**	会うことにする
	먹다	食べる	→	먹**기로 하다**	食べることにする
	안 마시다	飲まない	→	안 마시**기로 하다**	飲まないことにする

내일 아침에 만나기로 해요.　　明日の朝会うことにしましょう。
점심에 삼계탕을 먹기로 했어요.　　昼食に参鶏湯を食べることにしました。
앞으로 술을 안 마시기로 했습니다.　　これからお酒を飲まないことにしました。

練習3 《보기》のように答えと訳を書き入れ、対話練習をしてみましょう。

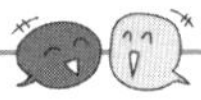

《보기》 가 : 어디서 만날까요?　　(신주쿠에서 만나다)
나 : 신주쿠에서 만나기로 해요.　　(新宿で会うことにしましょう)

（1） 가 : 무슨 영화를 볼까요?　(코미디 영화를 보다)
나 : ……………………
(　　　　　　　　　　)

（2） 가 : 몇 시에 만날까요?　(오후 2시에 만나다)
나 : ……………………
(　　　　　　　　　　)

（3） 가 : 무슨 꽃을 살까요?　(장미꽃을 사다)
나 : ……………………
(　　　　　　　　　　)

（4） 가 : 점심은 뭘 먹을까요?　(짜장면을 먹다)
나 : ……………………
(　　　　　　　　　　)

（5） 가 : 주말에 뭘 할까요?　(미술관에 그림을 보러 가다)
나 : ……………………
(　　　　　　　　　　)

単語ポケット（2 － 1）

3-8

술	酒	장미꽃	バラの花	미술관	美術館	사탕	飴
무슨	何の、どんな	점심	お昼、昼食	그림	絵	먹다	（飴）なめる
코미디	コメディ	짜장면	ジャージャー麺	목	喉、首	밤	夜
꽃	花	주말	週末	생강차	生姜ティー	잠이 오다	眠い

復習Plus

❶ 相談〔1〕の（1）のように「-아/어 보세요」を用いて、助言文を作ってみましょう。その後、一番適切だと思われる自分の助言を選び、隣の人と助言し合ってみましょう。

相談〔1〕 목이 너무 아파요.（喉がとても痛いです）　私の助言（　　）　相手の助言（　　）

（1） 병원에 가다 → 병원에 가 보세요.

（2） 생강차를 마시다 → ……………………

（3） 사탕을 먹다 → ……………………

相談〔2〕 밤에 잠이 안 와요.（夜眠れません）　私の助言（　　）　相手の助言（　　）

（1） 우유를 마시고 자다 → ……………………

（2） 낮에 운동을 하다 → ……………………

❷ ［　　］の中から語句を選び「-기로 해요（〜ことにしましょう）」や「-기로 했어요（〜ことにしました）」を用いて、状況に合う対話文を完成してみましょう。

［ 친구들이랑 바다에 가다　/　비가 그치면 출발하다　/　이번에는 안 보다 ］

（1） 가：비가 많이 오네요.
　　 나：그럼, ……………………

（2） 가：이번 여름방학에 뭐 하기로 했어요?
　　 나：……………………

（3） 가：하루카 씨, 이번에는 시험 안 봐요?
　　 나：네, ……………………

❸ 次の日本語を韓国語に直してみましょう。

（1）毎日2時間ほど運動することにしましょう。

⇨ ……………………

（2）これからファーストフードを食べないことにしました。

⇨ ……………………

（3）ジャージャー麺を食べてみましたか。

⇨ ……………………

（4）意外に時間がたくさんかかりましたね。（感嘆、驚きの表現に）

⇨ ……………………

単語ポケット（2－2）

3-9

잠이 안 오다	眠れない	바다	海	보다	（試験）うける	앞으로	これから、今後
		그치다	止む	매일	毎日	패스트푸드	ファーストフード
우유	牛乳	여름방학	夏休み	시간	時間	의외로	意外に
낮	昼、昼間	이번에는	今回は	정도	程度、ほど	걸리다	かかる

第4課

4-1

좋아하는 한국 음식 있어요?

好きな韓国料理ありますか。

会話

수연 ❶ 하루카 씨, **좋아하는** 한국 음식 있어요?

하루카 ❷ 네, 저는 잡채를 정말 좋아해요.

❸ 그래서 집에서 **만든 적이 있어요**.

수연 ❹ 맛있게 만들었어요?

하루카 ❺ 아뇨, 별로 맛이 없었어요.

❻ 맛있게 **만드는** 방법 좀 가르쳐 주세요.

수연 ❼ 네, 좋아요.

❽ 잘 **만들** 자신은 없지만 같이 만들어 봐요.

〈잡채를 만들어 먹은 후에〉

하루카 ❾ 정말 맛있었어요.

❿ 수연 씨, **맛있는** 잡채 잘 먹었습니다.

수연 ⓫ 다음엔 하루카 씨가 일본 요리를 가르쳐 주세요.

学習ポイント

1. 動詞の連体形
2. 存在詞の現在連体形
3. -(으)ㄴ 적이 있다/없다
   ～たことがある/ない（経験の有無）

発音

4-2

❶ 좋아하는 〔조아하는〕
❹ 맛있게 〔마싣께〕
❽ 없지만 〔업찌만〕
❾ 맛있었어요 〔마시써써요〕
❿ 잘 먹었습니다 〔잘머거씀니다〕
⓫ 일본 요리 〔일본뇨리〕

語句の解説

❶ 좋아하다	好きだ、好む	❻ 방법	［方法］
-는	動詞の現在連体形	가르치다	教える
음식	料理、食べ物〈飲食〉	❽ 잘	よく、うまく、上手に
❷ 잡채	チャプチェ（春雨の炒め物）	-(으)ㄹ	動詞の未来連体形
❸ 그래서	それで、だから	자신	［自信］
집	家	없다	ない
만들다	作る（ㄹ脱落）	-지만	〜けれど、が（逆接）
-(으)ㄴ 적이 있다	〜たことがある（経験） （動詞の過去連体形を用いる）	❿ -는	存在詞の現在連体形
❹ 맛있다	おいしい	잘 먹었습니다	ご馳走さまでした
-게	〜く、に *「-게」が用言の語幹に つくと、副詞化する	⓫ 다음엔	今度は、次回は 다음에는の縮約形
❺ 별로	あまり、それほど、［別］に	일본	［日本］
맛이 없다	おいしくない、まずい *맛없다〔마덥따〕と同じ	요리	［料理］

会話の訳を完成してみましょう。

수　연：❶ はるかさん、________________

하루카：❷ はい、私は________________

❸ それで家で________________

수　연：❹ おいしく作れましたか。

하루카：❺ いいえ、あまりおいしくなかったです。

❻ ________________ちょっと教えてください。

수　연：❼ はい、いいですよ。

❽ うまく________________、一緒に作ってみましょう。

〈チャプチェを作って食べた後に〉

하루카：❾ とてもおいしかったです。

❿ スヨンさん、________________

수　연：⓫ 今度ははるかさんが日本料理を教えてくださいね。

4-3

ポイント1 動詞の連体形

連体形とは「好きな料理」「読んだ小説」「高い山」のように用言が後ろの名詞を修飾する形を言います。韓国語は品詞と時制によって連体形の形が違うので、注意しましょう。まず動詞の連体形は、過去は語幹に「-(으)ㄴ」、現在は「-는」、未来は「-(으)ㄹ」がつきます。

【過去：-(으)ㄴ】 ～た＋体言	【現在：-는】 ～る＋体言	【未来：-(으)ㄹ】 ～（これから）る＋体言
母音語幹　＋ㄴ	＋는 (ㄹ語幹はㄹ脱落)	母音語幹　＋ㄹ
ㄹ語幹（ㄹ脱落）＋ㄴ		ㄹ語幹（ㄹ脱落）＋ㄹ
子音語幹　＋은		子音語幹　＋을

보다 見る	본 영화 見た映画	보는 영화 見ている・見る映画	볼 영화 （これから）見る映画
만들다 作る	만든 요리 作った料理	만드는 요리 作っている・作る料理	만들 요리 （これから）作る料理
읽다 読む	읽은 잡지 読んだ雑誌	읽는 잡지 読んでいる・読む雑誌	읽을 잡지 （これから）読む雑誌

＊現在連体形は習慣や一般的な事実を表す場合にも使われます。

練習1−1 次の動詞を過去・現在・未来連体形に直してみましょう。

基本形	−(으)ㄴ 過去連体形	−는 現在連体形	−(으)ㄹ 未来連体形
① 만나다　会う	장소	장소	장소
② 입다　着る	옷	옷	옷
③ 살다　住む	곳	곳	곳
④ 일어나다　起きる	시간	시간	시간
⑤ 다니다　通う	학교	학교	학교
⑥ 먹다　食べる	음식	음식	음식

単語ポケット（1 − 1）

4-4

잡지	雑誌	살다	住む、暮らす	자주	しょっちゅう	단어	単語
장소	場所	곳	所	내년	来年	외우다	覚える
입다	着る	다니다	通う	계획	計画	팔다	売る
옷	服	음식	料理、食べ物	배우다	習う、学ぶ	지난번	この前

練習1-2 《보기》のように時制に注意しながら、AとBを一文にして訳してみましょう。

《보기》　A. 요즘 자주 듣다　　B. 한국 노래예요.
⇨ 요즘 자주 듣는 한국 노래예요.（最近よく聞いている韓国の歌です）

（1）A．내년에 한국에 가겠다　　B．계획이에요.
⇨ ……（　　）

（2）A．어제 배웠다　　B．단어를 외우고 있어요.
⇨ ……（　　）

（3）A．표를 팔다　　B．곳이 어디예요?
⇨ ……（　　）

（4）A．지난번에 서울에서 찍었다　　B．사진이에요.
⇨ ……（　　）

（5）A．잘하다　　B．것이 뭐예요?
⇨ ……（　　）

「좋아하다 好きだ/싫어하다 嫌いだ」、「잘하다 上手だ、得意だ/못하다 下手だ」は動詞の連体形を用いる。

練習1-3 《보기》のように質問に答えて、対話練習をしてみましょう。

《보기》　가：서울에는 언제 가요?（다음 주에 가겠다 / 예정이다）
나：다음 주에 갈 예정이에요.

（1）가：요즘 어떻게 지내요?　（주말에 하겠다/아르바이트를 찾고 있다）
나：……

（2）가：그건 뭐예요?　（지난주에 친구한테서 받았다/선물이다）
나：……

（3）가：저 사람은 누구예요?　（제가 잘 알다/선배이다）
나：……

（4）가：취미가 뭐예요?　（한국 영화를 보다/것이다）
나：……

（5）가：취미가 뭐예요?　（自由に/것이다）
나：……

単語ポケット（1－2）

4-5

서울	ソウル	싫어하다	嫌いだ	지내다	過ごす	-한테서	～(人・動物) から
찍다	撮る	못하다	下手だ	찾다	探す、見つける	사람	人
잘하다	上手だ	예정	予定	그건	それは	선배	先輩
것	こと、もの	어떻게	どのように	지난주	先週	취미	趣味

4-6

ポイント2 存在詞の現在連体形

語幹＋는	시간이 있다 時間がある	＋	사람 人	→	시간이 있는 사람 時間がある人
	시간이 없다 時間がない	＋	사람 人	→	시간이 없는 사람 時間がない人

있다/없다のつく複合語も存在詞の連体形をとります。맛있다 おいしい／맛없다 まずい、재미있다 面白い／재미없다 面白くない、つまらない、멋있다 格好いい／멋없다 格好悪い、관심있다 関心（興味）がある／관심없다 関心（興味）がないなど。

練習2－1 《보기》のようにAとBを一文にして訳してみましょう。

《보기》 A. 외국인에게 인기가 있다　　B. 관광지예요.
⇨ 외국인에게 인기가 있는 관광지예요. （外国人に人気がある観光地です）

（1） A．도쿄에 있다　　B．회사예요.
⇨ ……………………………… （　　　　　　）

（2） A．맛있다　　B．한국 요리를 먹으러 가요.
⇨ ……………………………… （　　　　　　）

（3） A．정말 멋있다　　B．배우예요.
⇨ ……………………………… （　　　　　　）

（4） A．재미있다　　B．한국 영화를 보고 싶어요.
⇨ ……………………………… （　　　　　　）

練習2－2 《보기》のように質問に答えて、対話練習をしてみましょう。

《보기》 가：어떤 사람들이 모였어요? （한국에 관심있다 / 사람들이 모였다）
나：한국에 관심있는 사람들이 모였어요.

（1） 가：어느 호텔에 묵어요?　　(명동역 근처에 있다 / 호텔에 묵다)
나：………………………………

（2） 가：어제 뭐 했어요?　　(필요 없다 / 물건을 정리했다)
나：………………………………

（3） 가：이번 주말에 뭐 해요?　　(맛있다 / 것을 먹으러 가다)
나：………………………………

単語ポケット（2 － 1）

4-7

재미있다	面白い	관심	関心、興味	도쿄	東京	사람들	人々
재미없다	面白くない	외국인	外国人	회사	会社	모이다	集まる
멋있다	格好いい	인기	人気	배우	俳優	어느	どの
멋없다	格好悪い	관광지	観光地	어떤	どんな	호텔	ホテル

（4） 가：어떤 사람을 좋아해요?　（유머가 있다 / 사람을 좋아하다）
　　나：……………………………………

ポイント3 -(으)ㄴ 적이 있다/없다　～たことがある/ない（経験の有無）

4-8

動詞の過去連体形に名詞「적（こと・とき）」がついた形です。過去にある行為を経験したことの有無を表します。

母音語幹　＋ ㄴ 적이 있다 / 없다	가다 行く	→	간 적이 있다 / 없다 行ったことがある / ない
ㄹ語幹（ㄹ脱落）＋ ㄴ 적이 있다 / 없다	만들다 作る	→	만든 적이 있다 / 없다 作ったことがある / ない
子音語幹　＋ 은 적이 있다 / 없다	먹다 食べる	→	먹은 적이 있다 / 없다 食べたことがある / ない

서울에 간 적이 있습니다.　ソウルに行ったことがあります。
잡채를 만든 적이 없어요.　チャプチェを作ったことがありません。
삼계탕을 먹은 적이 있어요?　参鶏湯を食べたことがありますか。

練習3 《보기》のように対話文を作り、対話練習をしてみましょう。

《보기》　지갑을 잃어버리다
가：지갑을 잃어버린 적이 있어요?
나：네, 잃어버린 적이 있어요. / 아뇨, 잃어버린 적이 없어요.

（1） 노래방에서 한국 노래를 부르다
가：……………………………………
나：네, ……………………………………

（2） 친구에게서 돈을 빌리다
가：……………………………………
나：아뇨, ……………………………………

（3） 시험에서 백점을 맞다
가：……………………………………
나：네, ……………………………………

（4） 연예인을 만나 보다
가：……………………………………
나：아뇨, ……………………………………

単語ポケット（2－2）

4-9

묵다	泊まる	물건	物、品物	잃어버리다	なくす	돈	お金
명동역	明洞駅	정리하다	片づける	노래방	カラオケ	빌리다	借りる
근처	近く、近所	유머	ユーモア	부르다	歌う、呼ぶ	백점을 맞다	百点を取る
필요	必要	지갑	財布	-에게서	～（人・動物）から	연예인	芸能人

復習Plus

4-10

❶ 音声を聞いて（　　　）の中に語句を書き入れてみましょう。

저는 다음 주에 경주에 (　　　　) 예정이에요.
서울에는 두 번 (　　　　) 적이 있지만 경주에는 아직 (　　　　　　　　).
경주에는 잘 (　　　　) 친구가 살아요. 그래서 꼭 한번 가 보고 싶었어요.
그 친구는 일본에서 1년 정도 유학한 적이 있어요.
경주에 가면 그 친구하고 같이 (　　　　) 음식도 먹고 (　　　　) 관광지에도 가 보고 싶어요.

❷《보기》のように各質問に自分の答えを書き入れて、隣の人にインタビューしてみましょう。

質問	私の答え	相手の答え
《보기》 ・자주 듣는 음악은 뭐예요? ・한국 음식을 먹은 적이 있어요?	 케이팝이에요. 네, 먹은 적이 있어요.	 클래식이에요. 아뇨, 먹은 적이 없어요.
（1）좋아하는 한국 음식은 뭐예요?		
（2）서울에 간 적이 있어요?		
（3）지금 사는 곳이 어디예요?		
（4）어떤 사람을 좋아해요?		

【(4)の参考】 요리를 잘하다　여행을 좋아하다　운동을 잘하다　유머가 있다　옷을 잘 입다

❸ 次の日本語を韓国語に直してみましょう。

（1） 私の趣味はK-POPを聞くことです。
⇨

（2） 来年、友達と一緒に韓国に遊びに行く計画です。
⇨

（3） 韓国料理が好きなので家で作ったことがあります。
⇨

（4） あの人は韓国で一番人気がある俳優です。
⇨

4-11

単語ポケット（3－1）

경주	慶州（地名）	정도	程度	클래식	クラシック	떠나다	発つ、離れる
그래서	それで、だから	유학하다	留学する	여행	旅行	불다	吹く
그	その	케이팝	K-POP	가장	一番、最も		

みんなでBINGOゲーム（1）

連体形を練習しましょう

下記の **12-25番** の動詞と存在詞を、1-11番のように時制に合わせて現在連体形、過去連体形、未来連体形に直して【ビンゴカード】の空欄に自由に書き入れてビンゴゲームをしてみましょう。

1 갑니다 行きます	2 갔습니다 行きました	3 가겠습니다 （これから）行きます	4 먹습니다 食べます	5 먹었습니다 食べました
6 먹겠습니다 （これから）食べます	7 삽니다* 住んでいます	8 살았습니다* 住んでいました	9 살겠습니다* （これから）住みます	10 재미있습니다 面白いです
11 재미없습니다 面白くないです	12 일합니다 働きます	13 일했습니다 働きました	14 일하겠습니다 （これから）働きます	15 찍습니다 撮ります
16 찍었습니다 撮りました	17 찍겠습니다 （これから）撮ります	18 떠납니다 出発します	19 떠났습니다 出発しました	20 떠나겠습니다 （これから）出発します
21 붑니다* 吹きます	22 불었습니다* 吹きました	23 불겠습니다* （これから）吹きます	24 관심있습니다 興味（関心）あります	25 관심없습니다 興味（関心）ありません

＊ㄹ語幹の「ㄹ」は接続時に脱落します。

✓マスの番号と日本語訳を書き入れてください。

ビンゴカード　　BINGO

	1 가는 行く～		10 재미있는 面白い～	
	2 간 行った～			6 먹을 （これから）食べる～
8 산 住んでいた～		5 먹은 食べた～		3 갈 （これから）行く～
	7 사는 住んでいる～			
9 살 （これから）住む～		11 재미없는 面白くない～		4 먹는 食べる～

第5課

5-1

어학연수를 갔을 때 만났어요.

語学研修に行った時会いました。

会話

하루카 ❶ 무슨 **좋은** 일이라도 있어요?

준호 ❷ 실은 여자 친구가 생겼어요.

하루카 ❸ 그래요? 어떻게 만났어요?

준호 ❹ 지난번에 일본에 어학연수를 **갔을 때** 만났어요.

하루카 ❺ 여자 친구는 어떤 사람이에요?

준호 ❻ 수연 씨 **후배인** 윤미 씨를 닮았어요.

❼ 성격도 좋고 예뻐요.

❽ 여름방학 때도 만나러 **갈 거예요**.

하루카 ❾ 부럽네요. 저는 요즘 리포트가 많아서 우울해요.

준호 ❿ **우울할 때**는 코미디영화를 보세요.

⓫ 스트레스가 좀 **풀릴 거예요**.

学習ポイント

1. 形容詞、指定詞の現在連体形
2. -(으)ㄹ 거예요(?)
   ～つもりです（か）、～でしょう（意志・推測）
3. -(으)ㄹ 때、-았/었을 때
   ～時、～た時

5-2

発音

❶ 좋은 일 〔조은닐〕
❹ 어학연수 〔어항년수〕
❻ 닮았어요 〔달마써요〕
❾ 부럽네요 〔부럼네요〕

語句の解説

❶ 좋다	良い	❼ 성격	[性格]
-(으)ㄴ	形容詞の現在連体形	예쁘다	可愛い (으不規則、2課)
일	こと、仕事	❽ 여름방학	夏休み、夏〈放学〉
-(이)라도	～でも	-(으)러	～に (目的)
❷ 실은	[実] は	-(으)ㄹ 거예요(?)	～つもりです (か) (意志)
여자 친구	ガールフレンド、彼女 [女子]〈親旧〉	❾ 부럽다	うらやましい (ㅂ不規則、6課)
생기다	生じる、できる	리포트	レポート
❸ 만나다	会う、知り合う	우울하다	[憂鬱] だ
❹ 지난번	この前、この間、前回	❿ -(으)ㄹ 때	～時
어학연수	[語学研修] ＊어학연수를 가다：語学研修に行く (助詞に注意)	코미디	コメディー
-았/었을 때	～た時	⓫ 스트레스	ストレス
❺ 어떤	どんな、どのような (ㅎ不規則、13課)	좀	ちょっと、すこし (조금の縮約)
❻ 후배	[後輩]	풀리다	とれる、解ける、ほどける
-인	指定詞の現在連体形 ～である～、～の～	-(으)ㄹ 거예요	～でしょう (主語が3人称の場合は推測)
닮다	(人の顔や癖、性格などが) 似ている ＊-를/을 닮았다：～に似ている (助詞と時制に注意)		

会話の訳を完成してみましょう。

하루카：❶ 何か ＿＿＿＿＿＿＿＿ ありましたか。

준　호：❷ 実は ＿＿＿＿＿＿＿＿

하루카：❸ そうですか。どうやって知り合ったんですか。

준　호：❹ この前、日本に ＿＿＿＿＿＿＿＿ 会いました。

하루카：❺ ガールフレンドはどんな人ですか。

준　호：❻ スヨンさんの ＿＿＿＿＿＿＿＿

❼ 性格もよく可愛いです。

❽ 夏休みの時も ＿＿＿＿＿＿＿＿

하루카：❾ うらやましいですね。私はこの頃レポートが多くて憂鬱です。

준　호：❿ ＿＿＿＿＿＿＿＿ コメディー映画を見てください。

⓫ ストレスがちょっと ＿＿＿＿＿＿＿＿

5-3

ポイント1 形容詞、指定詞の現在連体形

形容詞の現在連体形は語幹に「-(으)ㄴ」がつきます。ㄹ語幹はㄹが脱落するので注意しましょう。

母音語幹 +ㄴ	비싸다 (値段が) 高い	+	가방 カバン	→ 비싼 가방 高いカバン
ㄹ語幹 (ㄹ脱落) +ㄴ	길다 長い	+	머리 髪	→ 긴 머리 長い髪
子音語幹 +은	좋다 良い	+	날씨 天気	→ 좋은 날씨 良い天気

指定詞「-이다」(~である) の現在連体形は「-인」になります。また「-가/이 아니다」(~ではない) の現在連体形は「-가/이 아닌」となります。「-고 싶다」(~たい) は形容詞の連体形を用います。

고등학교 동창인 유미를 만났어요.　高校の同期であるユミに会いました。
학생이 아닌 사람은 못 들어가요.　学生ではない人は入れません。
먹고 싶은 한국 음식 있어요?　食べたい韓国料理ありますか。

練習1-1 《보기》のようにAとBを一文にして訳してみましょう。

《보기》 A. 김 선생님은 바쁘다　B. 사람이에요.
⇨ 김 선생님은 바쁜 사람이에요. (金先生は忙しい人です)

(1) A. 후지산은 높다　B. 산이에요.
⇨ .... (　　　)

(2) A. 머리가 길다　B. 사람이 하루카 씨예요.
⇨ .... (　　　)

(3) A. 짜다　B. 음식은 건강에 안 좋아요.
⇨ .... (　　　)

(4) A. 보고 싶다　B. 사람이 있어요.
⇨ .... (　　　)

(5) A. 규칙적이다　B. 생활이 건강에 좋아요.
⇨ .... (　　　)

(6) A. 짧다　B. 치마를 자주 입어요.
⇨ .... (　　　)

スカートやズボンなど下にはくものも입다 (着る、はく) を使います。

単語ポケット (1－1)

5-4

길다	長い	들어가다	入る、帰る	짜다	塩辛い	생활	生活
머리	髪、頭	후지산	富士山	건강	健康	짧다	短い
고등학교	高校	높다	高い	보고 싶다	会いたい	치마	スカート
동창	同期、同級生	산	山	규칙적이다	規則的だ		

練習1−2 《보기》のように連体形を用いて質問を作り、対話練習をしてみましょう。

《보기》　가 : 제일 친한 친구가 누구예요?（제일 친하다 / 친구가 / 누구）
　　　　나 : 유정 씨예요.

（1） 가 : ....（저녁에 먹고 싶다 / 것이 / 있다）
　　　나 : 네, 된장찌개를 먹고 싶어요.

（2） 가 : ....（이것보다 더 싸다 / 것은 / 없다）
　　　나 : 잠시만요, 여기 있습니다.

（3） 가 : ....（힘들다 / 일을 / 해 본 적이 있다）
　　　나 : 아니요. 해 본 적이 없어요.

（4） 가 : ....（한국의 대표적이다 / 음식이 / 뭐）
　　　나 : 김치예요.

ポイント2　−(으)ㄹ 거예요(?)　〜つもりです（か）、〜でしょう（意志・推測）

5-5

用言の未来連体形 −(으)ㄹに「거예요(?)」をつけると、「〜つもりです（か）」（意志や予定）、また形容詞や動詞でも主語が3人称の場合は「〜でしょう、〜と思います」（推測）という表現になります。過去の推測は「−았/었을 거예요」（〜だったでしょう、〜だったと思います）です。ただし、推測の疑問形「〜でしょうか」は「−(으)ㄹ까요?」を使い、「−(으)ㄹ 거예요?」は用いることはできません。また「거예요」は〔꺼에요〕と発音します。なお、意志を表す場合は「−(으)ㄹ 생각이에요(?)」に置き換えられます。

母音語幹　＋ ㄹ 거예요	가다 行く	→	**갈 거예요** 行くつもりです / 行くでしょう
ㄹ語幹（ㄹ脱落）＋ ㄹ 거예요	달다 甘い	→	**달 거예요** 甘いでしょう
子音語幹　＋ 을 거예요	먹다 食べる	→	**먹을 거예요** 食べるつもりです / 食べるでしょう

〈意志〉　여름방학에 한국에 갈 거예요.　夏休みに韓国に行くつもりです。
〈意志の確認〉　점심은 뭘 먹을 거예요?　お昼は何を食べるつもりですか。
〈推測〉　그 과자는 좀 달 거예요.　そのお菓子は少し甘いでしょう。
〈過去の推測〉　야마다 씨는 작년에 결혼했을 거예요.　山田さんは去年結婚したと思います。

単語ポケット（1 − 2）

5-6

제일	第一、一番	더	もっと、さらに	힘들다	つらい、大変だ	과자	お菓子
친하다	親しい	싸다	安い	대표적이다	代表的だ	달다	甘い
저녁	夕方、夕食	잠시만요	ちょっと待ってください	김치	キムチ	결혼하다	結婚する
된장찌개	味噌チゲ			생각	考え、つもり		

練習2-1 《보기》のように質問に答えて、対話練習をしてみましょう。

《보기》 가: 내일 뭐 할 거예요?　(도서관에서 공부하다)
나: 도서관에서 공부할 거예요.

(1) 가 : 졸업하면 뭐 할 거예요?　(한국에 있는 회사에 취직하다)
나 :

(2) 가 : 겨울방학에 뭐 할 거예요?　(외국으로 여행을 가다)
나 :

(3) 가 : 주말에 뭐 할 거예요?　(친구하고 둘이서 테니스를 치다)
나 :

(4) 가 : 오후에 뭐 할 거예요?　(친구한테서 빌린 책을 읽다)
나 :

(5) 가 : 오늘 저녁에 뭐 할 거예요?　(自由に答える)
나 :

練習2-2 《보기》のように質問に答えて、対話練習をしてみましょう。

《보기》 가: 준호 씨는 언제 와요?　(좀 늦다)
나: 아마 좀 늦을 거예요.

(1) 가 : 리사 씨 집에 고양이가 있어요?　(2마리 있다)
나 : 네, 아마

(2) 가 : 박 선생님은 어디 계세요?　(댁에 계시다)
나 : 아마

(3) 가 : 축구 시합에서 어느 팀이 이겼어요?　(일본 팀이 이겼다)
나 :

(4) 가 : 이 가방 비쌀까요?　(비싸다)
나 : 네,

(5) 가 : 내일 날씨 좋을까요?　(좋다)
나 : 네,

単語ポケット(2 － 1)

5-7

졸업하다	卒業する	-(으)로	～へ(方向)	늦다	遅れる	댁	お宅
취직하다	就職する	둘이서	二人で	아마	たぶん	축구	サッカー
겨울방학	冬休み	테니스를 치다	テニスをする	고양이	猫	시합	試合
외국	外国			-마리	～匹、頭、羽	팀	チーム

ポイント3　-(으)ㄹ 때、-았/었을 때　～時、～た時

5-8

「때 (時)」に接続する用言の連体形は時制に関係なく、「-(으)ㄹ」の形が使われます。また、名詞の場合は名詞の後に直接「때 (時)」がついて、「～の時」という意味になります。

母音語幹	＋ㄹ 때	타다	乗る	→	탈 때	乗る時
ㄹ語幹 (ㄹ脱落)	＋ㄹ 때	만들다	作る	→	만들 때	作る時
子音語幹	＋을 때	있다	ある	→	있을 때	ある時

버스를 탈 때는 교통카드가 편리해요.　バスに乗る時は交通カードが便利です。
통장을 만들 때는 신분증이 필요해요.　通帳を作る時は身分証が必要です。
시간이 있을 때 뭐 해요?　時間がある時、何をしますか。
겨울방학 때 여행을 할 거예요.　冬休みの時、旅行をするつもりです。

「～た時」の場合は「用言の語幹+았/었을 때」になります。

한국에 살았을 때 태권도를 배웠어요.　韓国に住んでいた時にテクォンドを習いました。
봄방학 때 서울에 갔을 때 만났어요.　春休みの時ソウルに行った時に会いました。

練習3　《보기》のように「-(으)ㄹ 때」または「-았/었을　때」を用いてAとBを一文につないで、訳してみましょう。

《보기》　A. 시간이 있다　B. 연락 주세요.
⇨ 시간이 있을 때 연락 주세요. (時間がある時、連絡ください)

(1)　A. 첫눈이 오다　B. 그 카페에서 만나요.
⇨ ……………………（　　　　）

(2)　A. 한국에 처음 왔다　B. 한국말을 전혀 못했어요.
⇨ ……………………（　　　　）

(3)　A. 머리가 아프다　B. 이 약을 드세요.
⇨ ……………………（　　　　）

(4)　A. 젊었다　B. 돈을 많이 벌었어요.
⇨ ……………………（　　　　）

単語ポケット（2－2）

5-9

이기다	勝つ	통장	通帳	연락	連絡	못하다	できない
때	時	신분증	身分証	첫눈	初雪	젊다	若い
교통카드	交通カード	태권도	テクォンド	처음	初めて	돈	お金
편리하다	便利だ	봄방학	春休み	전혀	全く、全然	벌다	稼ぐ

復習Plus

❶ 下線部に適切な連体形を書き入れて、ペアで対話してみましょう。

（1）어떤 사람을 만나고 싶어요?　私（　　　）　相手（　　　）

① 마음이 넓다 ⇨ 마음이 넓은 사람　② 재미있다 ⇨ ＿＿＿＿ 사람

③ 사교적이다 ⇨ ＿＿＿＿ 사람　④ 성실하다 ⇨ ＿＿＿＿ 사람

（2）어떤 곳에서 살고 싶어요?　私（　　　）　相手（　　　）

① 조용하다 ⇨ ＿＿＿＿ 곳　② 교통이 편리하다 ⇨ ＿＿＿＿ 곳

③ 경치가 좋다 ⇨ ＿＿＿＿ 곳　④ 공기가 맑다 ⇨ ＿＿＿＿ 곳

❷ 《보기》のように各質問に自由に答えて、隣の人にインタビューしてみましょう。

質問	私の答え	相手の答え
《보기》 언제 스트레스를 받아요? 언제 기뻤어요?	 일이 많을 때요. 선물을 받았을 때요.	 숙제가 많을 때요. 친한 친구를 만났을 때요.
（1）언제 우울해요?		
（2）언제 기분이 좋았어요?		

【（1）の参考】 몸이 아프다 / 혼자 있다 / 일이 많다 / 숙제가 많다 / 돈이 없다
【（2）の参考】 시험에 합격하다 / 칭찬을 받다 / 백점을 맞다 / 친한 친구를 만나다 / 선물을 받다

❸ 次の日本語を韓国語に直してみましょう。（文末は해요体に）

（1）頭が痛い時は家で休んでください。

⇨ ＿＿＿＿＿＿＿＿＿＿

（2）多分午後から雨が降るでしょう。

⇨ ＿＿＿＿＿＿＿＿＿＿

（3）今頃家に到着したでしょう。

⇨ ＿＿＿＿＿＿＿＿＿＿

（4）中学校の時の友達であるはるかに会うつもりです。

⇨ ＿＿＿＿＿＿＿＿＿＿

単語ポケット（3－1）

5-10

마음	心	조용하다	静かだ	맑다	澄んでいる	칭찬을 받다	褒められる
넓다	広い	교통	交通	혼자	1人（で）	-쯤	～頃、くらい
사교적이다	社交的だ	경치	景色	숙제	宿題	중학교	中学校
성실하다	誠実だ	공기	空気	합격하다	合格する		

連体形のまとめ

◆下線部に日本語訳と同じ意味になるよう連体形を書き入れてみましょう。

	【過去】	【過去回想】	【現在】	【未来】
【動詞】	**-(으)ㄴ**	**-던**	**-는**	**-(으)ㄹ**
보다 見る	어제 ____ 드라마 昨日見たドラマ	자주 보던 드라마 よく見ていたドラマ	매일 ____ 드라마 毎日見ているドラマ	내일 ____ 드라마 明日見るドラマ
만들다 作る	어제 ____ 음식 昨日作った料理	자주 만들던 음식 よく作っていた料理	매일 ____ 음식 毎日作っている料理	내일 ____ 음식 明日作る料理
먹다 食べる	어제 ____ 음식 昨日食べた料理	자주 먹던 음식 よく食べていた料理	매일 ____ 음식 毎日食べている料理	내일 ____ 음식 明日食べる料理
【存在詞】	**-던**		**-는**	**-(으)ㄹ**
있다 ある・いる	관심이 있던 사람 関心（興味）があった人		관심이 ____ 사람 関心（興味）がある人	관심이 ____ 때 関心（興味）がある時
없다 ない・いない	관심이 없던 사람 関心（興味）がなかった人		관심이 ____ 사람 関心（興味）がない人	관심이 ____ 때 関心（興味）がない時
【形容詞】	**-던**		**-(으)ㄴ**	**-(으)ㄹ**
조용하다 静かだ	조용하던 곳 静かだった所		____ 곳 静かな所	____ 때 静かな時
길다 長い	길던 머리 長かった髪		____ 머리 長い髪	____ 때 長い時
좋다 良い	좋던 사람 良かった人		____ 사람 良い人	____ 때 良い時
【指定詞】	**-던**		**-ㄴ**	**-ㄹ**
-이다 ～である	학생이던 사람 学生だった人		학생____ 사람 学生である人	학생____ 때 学生である時
-가/이 아니다 ～ではない	학생이 아니던 사람 学生ではなかった人		학생____ 사람 学生ではない人	학생____ 때 学生ではない時

＊存在詞・形容詞の過去連体形は「-던」のほかに、話し言葉では「-았/었던」もよく使われます。

＊指定詞の過去連体形は「-던」のほかに、話し言葉では「-였던/이었던」もよく使われます。

＊動詞の過去回想「-던」は主として過去に持続的に繰り返されていた行為を表す場合に用いられます。一方「-았/었던」は「-던」と区別して、過去に一時的にやっていた行為（反復性のない行為）の場合に用います。ただし살다, 다니다などのように「-던」と「-았/었던」を区別せずに使う動詞もあります。

第6課

6-1

감기에 걸리기 쉬우니까 조심하세요.

風邪を引きやすいので気をつけてください。

会話

수연 ❶ 요즘 날씨가 너무 **더워요**.

하루카 ❷ 네. 하지만 지하철 안은 좀 **추워요**.

수연 ❸ 맞아요.

❹ 그래서 저는 지하철을 오래 탈 때는 가디건을 입어요.

하루카 ❺ 건물 안도 에어컨을 **켜니까** 좀 **추울** 때가 있어요.

❻ 어제도 교실이 좀 **추웠어요**. (콜록콜록)

수연 ❼ 혹시 감기에 걸렸어요?

❽ 여름에도 감기에 **걸리기 쉬우니까** 조심하세요.

❾ 여름 감기가 더 **무서워요**.

하루카 ❿ 걱정해 줘서 **고마워요**. 조심할게요.

学習ポイント

1. -(으)니까
   〜から、〜ので（理由・原因）
2. ㅂ〔비읍〕不規則活用
3. -기 쉽다/어렵다
   〜やすい、〜のが簡単だ/〜にくい、〜のが難しい

6-2

発音

❽ 조심하세요 〔조시마세요〕
❿ 걱정해 줘서 〔걱쩡애줘서〕
❿ 조심할게요 〔조시말께요〕

語句の解説

❶ 덥다	暑い（ㅂ不規則）	콜록콜록	ごほんごほん（せき込む音）
❷ 하지만	しかし、けれども	❼ 혹시	もし、もしかして〈或是〉
지하철	［地下鉄］	감기에 걸리다	風邪を引く（助詞に注意）
안	中	❽ 여름	夏
춥다	寒い（ㅂ不規則）	-기 쉽다	～やすい
❸ 맞다	正しい、その通りだ	쉽다	易しい、容易だ（ㅂ不規則）
❹ 오래	長く、長らく、久しく	조심하다	気をつける〈操心ー〉
가디건	カーディガン	-(으)세요	～てください（命令・指示）
❺ 건물	［建物］	❾ 더	もっと、さらに
에어컨	エアコン	무섭다	怖い、恐ろしい（ㅂ不規則）
켜다	つける、灯す	❿ 걱정하다	心配する
-(으)니까	～から、ので（理由）	-아/어 주다	～てくれる
❻ 교실	［教室］	-(으)ㄹ게요	～ます（よ、から）（意志・約束）

会話の訳を完成してみましょう。

수　연：❶ 最近（天気が）とても ____________________

하루카：❷ ええ。____________________

수　연：❸ その通りです。

❹ それで私は ____________________ カーディガンを着るんです。

하루카：❺ 建物の中も ____________________

❻ 昨日も教室が少し ____________________（ごほんごほん）

수　연：❼ もしかして風邪を引きましたか。

❽ 夏も ____________________

❾ 夏風邪のほうがもっと大変ですよ。

하루카：❿ ____________________ 気をつけます。

6-3

ポイント1　-(으)니까　～から、～ので（理由・原因）

用言の語幹について、理由・原因を表します。過去時制と結合した「-았/었으니까」（～だったので）も使われます。指定詞「-이다」は母音体言のときは「이」が省略されます。終結語尾「요」をつけて「-(으)니까요」（～からです）の形でも使われます。

母音語幹	+ 니까	끝나다	終わる	→	끝나니까	終わるので
ㄹ語幹（ㄹ脱落）	+ 니까	살다	住む	→	사니까	住んでいるので
子音語幹	+ 으니까	좋다	良い	→	좋으니까	良いので

２課で学習した「-아/어서」と違って、後文が命令「-(으)세요（～てください）」や勧誘表現「-(으)ㅂ시다（～ましょう）」、「-(으)ㄹ까요?（～ましょうか）」の場合は「-(으)니까」を使います。

곧 끝나니까 조금만 기다리세요.　　もうすぐ終わるからちょっとだけ待ってください。

제주도에 친한 친구가 사니까 같이 놀러 갑시다.

済州島に親しい友達が住んでいるので一緒に遊びに行きましょう。

날씨가 좋으니까 산책을 갈까요?　　天気が良いので散歩に行きましょうか。

오늘은 일을 많이 했으니까 푹 쉬세요.　今日は仕事をたくさんしたのでゆっくり休んでください。

練習1 《보기》のように質問に答えて、対話練習をしてみましょう。

《보기》　가：지금 출발할까요?　（비가 많이 오다 / 좀 그치면 출발하다）
　　　　　나：비가 많이 오니까 좀 그치면 출발합시다.

（1）가：전철을 타고 갈까요?　（ 피곤하다 / 택시를 타고 가다 ）
　　　나：

（2）가：잠깐 얘기 좀 할까요?　（ 지금은 좀 바쁘다 / 내일 얘기하다 ）
　　　나：

（3）가：점심은 조금 이따가 먹을까요?　（ 배가 고프다 / 지금 먹다 ）
　　　나：

（4）가：오후에 뭘 할까요?　（ 세일 기간이다 / 쇼핑이나 하다 ）
　　　나：

単語ポケット（１－１）

6-4

끝나다	終わる	푹	ゆっくり	잠깐	ちょっと（の間）	세일	セール
곧	まもなく、もうすぐ	그치다	（雨）止む	얘기하다	話す	기간	期間
조금	少し、ちょっと	전철	電車	이따가	後で	쇼핑	ショッピング
-만	～だけ	택시	タクシー	배가 고프다	お腹が空く	-(이)나	～でも、か

ポイント2　ㅂ〔비읍〕 不規則活用

6-5

語幹末が「ㅂ」で終わる動詞の一部と形容詞の大部分は母音「-으、-아/어」で始まる語尾が続くと、ㅂ不規則活用をします。

(1)「-으」で始まる語尾が接続する場合

語幹末の「ㅂ」が「우」に変わり、語尾の「으」はなくなる。

			【-(으)면 (～れば、たら)】			【-(으)니까 (～から、ので)】			
·덥다	暑い	:	덥 + 으면	⇨	**더우면**	덥 + 으니까	⇨	**더우니까**	
·뜨겁다	熱い	:	뜨겁 + 으면	⇨	**뜨거우면**	뜨겁 + 으니까	⇨	**뜨거우니까**	
·무겁다	重い	:	무겁 + 으면	⇨	**무거우면**	무겁 + 으니까	⇨	**무거우니까**	

더우면 창문을 여세요.　暑かったら窓を開けてください。
뜨거우니까 천천히 드세요.　熱いからゆっくり召し上がってください。
무거우니까 같이 듭시다.　重いので、一緒に持ちましょう。

(2)「-아/어」で始まる語尾が接続する場合

語幹末の「ㅂ」が「우」に変わり、「어」で始まる語尾がつき「워」になる。

※ただし、「돕다:助ける、手伝う」、「곱다:きれいだ」の2語の場合は、「ㅂ」が「오」に変わり、「아」で始まる語尾がつき、「와」に変わります。

【-아/어서 (～て、ので、から)】

·춥다	寒い	:	춥 + 어서	⇨	추우어서	⇨	**추워서**
·가깝다	近い	:	가깝 + 아서	⇨	가까우어서	⇨	**가까워서**
·돕다	手伝う	:	돕 + 아서	⇨	도오아서	⇨	**도와서**

어제는 너무 추워서 집에 있었어요.　昨日はとても寒くて家にいました。
친구랑 집이 가까워서 자주 만나요.　友達と家が近いのでよく会います。
어제는 어머니를 도와서 청소를 했어요.　昨日は母を手伝って掃除をしました。

「**좁다**:狭い」「**입다**:着る」「**잡다**:つかむ」などは規則的に活用しますので注意しましょう。
옷을 많이 입어서 덥습니다.　服をたくさん着込んで暑いです。

単語ポケット（1－2）

6-6

덥다	暑い	열다	開ける	가깝다	近い	잡다	つかむ、握る
뜨겁다	熱い	천천히	ゆっくり	돕다	手伝う、助ける	옷	服
무겁다	重い	들다	持つ	곱다	綺麗だ	많이	たくさん
창문	窓	춥다	寒い	좁다	狭い	맵다	辛い

練習2−1 次の用言に語尾を接続してみましょう。

	基本形		−(으)니까 〜から、ので	−(으)ㄴ 連体形	−아/어요 〜ます、です	−았/었어요 〜ました、かったです
ㅂ不規則	① 맵다	辛い				
	② 가볍다	軽い				
	③ 어렵다	難しい				
	④ 어둡다	暗い				
	⑤ 귀엽다	可愛い				
	⑥ 돕다	助ける				
	⑦ 곱다	綺麗だ				
規則	⑧ 좁다	狭い				
	⑨ 입다	着る				
	⑩ 잡다	つかむ				

練習2−2 《보기》のように〔　〕の語尾を用い答えを書き入れて、対話練習をしてみましょう。

《보기》　가 : 오늘은 정말 춥네요.　(춥다)
　　　　나 : 추우면 〔−(으)면〕 옷을 많이 입으세요.

（1）　가 : 집에서 학교까지 멀어요?　(가깝다)
　　　나 : 아니요. ＿＿＿＿＿＿＿. 〔−아/어요〕

（2）　가 : 어떤 음식을 좋아해요?　(맵다)
　　　나 : ＿＿＿＿＿＿＿ 〔−(으)ㄴ〕 음식을 좋아해요.

（3）　가 : 이사한 곳은 어떠세요?　(좁다)
　　　나 : 방이 ＿＿＿＿＿＿＿ 〔−아/어서〕 불편해요.

（4）　가 : 오늘 너무 덥네요.　(덥다)
　　　나 : 네, ＿＿＿＿＿＿＿ 〔−(으)니까〕 시원한 팥빙수라도 먹으러 갑시다.

6-7

ポイント3　−기 쉽다/어렵다　〜やすい、〜のが簡単だ/〜にくい、〜のが難しい

動詞の語幹について、「〜やすい、〜のが簡単だ」の意味になります。語幹に「−기 어렵다」をつけると、「〜にくい、〜のが難しい」という表現になります。

単語ポケット（2 − 1）

6-8

가볍다	軽い	멀다	遠い	방	部屋	쉽다	易しい
어렵다	難しい	어떤	どんな	불편하다	不便だ	설명서	説明書
어둡다	暗い	이사하다	引っ越す	시원하다	冷たい、涼しい	일본어	日本語
귀엽다	可愛い	어떠세요?	いかがですか	팥빙수	小豆のかき氷		

語幹　＋기 쉽다	알다	わかる	→ 알기 쉽다	わかりやすい
語幹　＋기 어렵다	만나다	会う	→ 만나기 어렵다	会うのが難しい

설명서가 알기 쉬워요.　　説明書がわかりやすいです。

너무 바빠서 만나기 어려워요.　　とても忙しくて会うのが難しいです。

練習3 日本語と同じ意味になるように文を完成してみましょう。(文末語尾は해요体)

（1） 한국어는 일본어와 비슷한 점이 많아서 ………………………… (배우다)
韓国語は日本語と似ている点が多くて学びやすいです。

（2） 길이 복잡해서 집을 ………………………… (찾다)
道が複雑なので家を探すのが難しいでしょう。

（3） 이 컵은 ………………………… 조심하세요.　(깨지다)
このコップは割れやすいので気をつけてください。

（4） 말로는 ………………………… (설명하다)
言葉では説明しにくいです。

復習Plus

❶ 下線部の正しい形を（　　　　）の中に書き入れ、日本語に訳してみましょう。

（1） 좀 덥으니까 (　　　　　　　　) 에어컨을 켤까요?
訳：…………………………

（2） 여기는 도서관이라서 (　　　　　　　　) 조용히 하세요.
訳：…………………………

（3） 여름에도 감기에 걸리기 쉽어요 (　　　　　　　　).
訳：…………………………

（4） 도쿄는 지하철이 복잡해서 갈아타기 어렵어요 (　　　　　　　　).
訳：…………………………

❷ (1)～(4) に合う文を、(A)～(B) の中から選んで、対話練習をしてみましょう。

（1） 교실이 좀 더워요.　・　　・（A） 아뇨, 만들기 쉬워요.
（2） 왜 출발 안 했어요?　・　　・（B） 그럼 창문을 열까요?
（3） 잡채는 만들기 어려워요?　・　　・（C） 밖에 비가 많이 오니까요.
（4） 한국어를 잘하시네요.　・　　・（D） 한국에서 3년동안 살았으니까요.

単語ポケット（2－2）　6-9

비슷하다	似ている	컵	コップ	설명하다	説明する	갈아타다	乗り換える
점	点、ところ	깨지다	割れる	도서관	図書館	밖	外
길	道	조심하다	気をつける	조용히	静かに	동안	間
복잡하다	複雑だ、混んでいる	말	言葉	지하철	地下鉄		

第7課

7-1

생각보다 가격이 비싼 것 같네요.

思ったより値段が高いようですね。

会話

하루카 ❶ 저기 **걸려 있는** 옷 좀 보여 주세요.

점원 ❷ 네, 여기 있습니다.

하루카 ❸ 저한테는 좀 **작을 것 같아요**.

❹ 조금 더 큰 사이즈를 보여 주세요.

점원 ❺ 네, 알겠습니다.

하루카 ❻ 가격은 얼마예요?

점원 ❼ 칠만 원입니다.

하루카 ❽ 생각보다 가격이 **비싼 것 같네요**.

점원 ❾ 이번 시즌에 나온 신상품이라서 조금 **비싼 편이에요**.

하루카 ❿ 다른 것도 한번 봐 볼게요.

점원 ⓫ 네. 천천히 둘러보세요.

学習ポイント

1. 動詞、存在詞の連体形+것 같다
   ～ようだ(推測)
2. 形容詞、指定詞の連体形+것 같다
   ～ようだ(推測)
3. -아/어 있다　～ている(完了状態の持続)
4. -는/(으)ㄴ 편이다　～ほうだ(傾向)

7-2

発音

❶ 걸려 있는	〔걸려인는〕
❶ 옷 좀	〔옫쫌〕
❸ 작을 것 같아요	〔자글껃까타요〕
❽ 같네요	〔간네요〕
⓫ 천천히	〔천처니〕

語句の解説

❶ 걸리다	かかる	-보다	～より（比較） ＊생각보다：思ったより、思ったほど
-아/어 있다	～ている（完了状態の持続）	비싸다	（値段が）高い
옷	服	-(으)ㄴ 것 같다	～ようだ（推測）
보이다	見せる、見える	❾ 이번	今回の、今度の、この度の
❷ 점원	［店員］	시즌	シーズン
❸ -한테는	～（人・動物）には（話し言葉）	나오다	出る、出てくる
작다	小さい	신상품	［新商品］
-(으)ㄹ 것 같다	～そうだ（推測）	-(이)라서	～なので（体言につく理由・原因）
❹ 조금 더	もう少し	-(으)ㄴ 편이다	～ほうだ、〈一便〉だ（傾向） （形容詞語幹に接続）
크다	大きい（으不規則、2課）	❿ 다른	他の、別の、異なる～ ＊다른 것：他のもの
사이즈	サイズ	-아/어 볼게요	～てみます ＊「-아/어 보다」（試み・経験） ＋「-(으)ㄹ게요」（意志・約束）
❺ 알겠습니다	わかりました	⓫ 천천히	ゆっくり
❻ 가격	［価格］、値段	둘러보다	見て回る、見渡す
❽ 생각	考え、思い〈生覚・省覚〉		

会話の訳を完成してみましょう。

하루카：❶ あそこに＿＿＿＿＿＿＿＿＿＿

점　원：❷ はい、どうぞ。

하루카：❸ ＿＿＿＿＿＿＿＿＿＿

❹ もう少し大きいサイズを見せてください。

점　원：❺ はい、わかりました。

하루카：❻ 値段はいくらですか。

점　원：❼ 7万ウォンです。

하루카：❽ ＿＿＿＿＿＿＿＿＿＿

점　원：❾ 今シーズンに出た新商品なので少し＿＿＿＿＿＿＿＿＿＿

하루카：❿ ＿＿＿＿＿＿＿＿＿＿

점　원：⓫ はい。ごゆっくり見て回ってください。

7-3

ポイント1 動詞、存在詞の連体形+것 같다 ~ようだ（推測）

動詞、存在詞の過去、現在、未来の連体形に「-것 같다」がついて、過去、現在、未来の状況や様子の推測を表します。

	【-(으)ㄴ 것 같다】 ~たようだ	【-는 것 같다】 ~ているようだ	【-(으)ㄹ 것 같다】 ~そうだ
	母音語幹 ＋ ㄴ 것 같다	語幹 ＋ 는 것 같다 （ㄹ語幹はㄹ脱落）	母音語幹 ＋ ㄹ 것 같다
	ㄹ語幹 ＋ ㄴ 것 같다 （ㄹ脱落）		ㄹ語幹 ＋ ㄹ 것 같다 （ㄹ脱落）
	子音語幹 ＋ 은 것 같다		子音語幹 ＋ 을 것 같다
動詞 비가 오다 雨が降る	**비가 온 것 같다** 雨が降ったようだ	**비가 오는 것 같다** 雨が降っているようだ	**비가 올 것 같다** 雨が降りそうだ
動詞 만들다 作る	**만든 것 같다** 作ったようだ	**만드는 것 같다** 作っているようだ	**만들 것 같다** 作りそうだ
動詞 읽다 読む	**읽은 것 같다** 読んだようだ	**읽는 것 같다** 読んでいるようだ	**읽을 것 같다** 読みそうだ
存在詞 있다 ある	存在詞の「~たようだ」は「-(었)던 것 같다」を用います。この課では存在詞の現在・未来連体形に「-것 같다」がついた推測表現を学習します。	**있는 것 같다** あるようだ	**있을 것 같다** ありそうだ
存在詞 없다 ない		**없는 것 같다** ないようだ	**없을 것 같다** なさそうだ

새벽에 비가 온 것 같아요.	明け方に雨が降ったようです。
지금 비가 오는 것 같아요.	今雨が降っているようです。
금방이라도 비가 올 것 같아요.	すぐにでも雨が降りそうです。
한국 음식을 자주 만드는 것 같아요.	韓国の料理をよく作っているようです。
리사 씨는 책을 많이 읽을 것 같아요.	りささんは本をたくさん読みそうです。
집에 아무도 없는 것 같아요.	家に誰もいないようです。

練習1-1 次の用言を推測表現に直してみましょう。

基本形	-(으)ㄴ 것 같아요 ~たようです	-는 것 같아요 ~ているようです	-(으)ㄹ 것 같아요 ~そうです
① 싸우다　喧嘩する			
② 출발하다 出発する			
③ 씻다　洗う			

単語ポケット（1－1）

7-4

새벽	明け方	책	本	아무도	誰も	출발하다	出発する
금방	今すぐ、すぐ	많이	たくさん	싸우다	喧嘩する	씻다	洗う
금방이라도	すぐにでも						

④ 쉬다　休む			
⑤ 살다　住む、暮らす			
⑥ 멋있다　格好いい	멋있었던 것 같아요		

練習1－2 《보기》のように時制に合わせて文末を推測表現に直してみましょう。

> 《보기》 지금 비가 와요.　⇨ 지금 비가 오는 것 같아요.
> 　　　　어제 서울에 갔어요.　⇨ 어제 서울에 간 것 같아요.

（1） 서울에는 어제 첫눈이 내렸어요. ⇨ ……………………

（2） 다음 주쯤에 벚꽃이 피겠어요. ⇨ ……………………

（3） 여동생이 있어요. ⇨ ……………………

（4） 매일 아침 운동을 해요. ⇨ ……………………

ポイント2 形容詞、指定詞の連体形＋것 같다　～ようだ（推測）

形容詞、指定詞の語幹について、状況や様子の推測を表します。「－(으)ㄴ 것 같다」は現在の状況の推測、「－(으)ㄹ 것 같다」は今後の状況の推測や現在の状況に対する漠然とした推測を表します。 7-5

		【-(으)ㄴ 것 같다】～ようだ	【-(으)ㄹ 것 같다】～そうだ
		母音語幹　＋ㄴ 것 같다	母音語幹　＋ㄹ 것 같다
		ㄹ語幹（ㄹ脱落）＋ㄴ 것 같다	ㄹ語幹（ㄹ脱落）＋ㄹ 것 같다
		子音語幹　＋은 것 같다	子音語幹　＋을 것 같다
形容詞	바쁘다 忙しい	바쁜 것 같다 忙しいようだ	바쁠 것 같다 忙しそうだ
	멀다 遠い	먼 것 같다 遠いようだ	멀 것 같다 遠そうだ
	좋다 良い	좋은 것 같다 良いようだ	좋을 것 같다 良さそうだ
指定詞	친구이다 友達だ	친구인 것 같다 友達のようだ	친구일 것 같다 友達のようだ（なんとなく）
	친구가 아니다 友達ではない	친구가 아닌 것 같다 友達ではないようだ	친구가 아닐 것 같다 友達ではなさそうだ（なんとなく）

単語ポケット（1－2）

7-6

쉬다　休む	쯤　頃、くらい	피다　咲く	아침　朝
첫눈　初雪	벚꽃　桜	매일　毎日	멀다　遠い

하루카 씨는 요즘 바쁜 것 같아요.　　はるかさんは最近忙しいようです。
집에서 학교까지 먼 것 같아요.　　家から学校まで遠いようです。
내일은 날씨가 좋을 것 같아요.　　明日は天気が良さそうです。
두 사람은 친한 친구인 것 같아요.　　２人は親しい友達のようです。
하루카 씨는 요즘 바쁠 것 같아요.　　はるかさんは最近忙しそうです。(なんとなく)

練習2－1 《보기》のように文を完成してみましょう。

《보기》　좀 비싸요.　⇨　좀 비싼 것 같아요.　(ちょっと高いようです)
　　　　좀 비싸겠어요.　⇨　좀 비쌀 것 같아요.　(ちょっと高そうです)

(１)　나이가 생각보다 어려요.　⇨ ……………………
(２)　주말에는 사람이 많겠어요.　⇨ ……………………
(３)　김치가 맵겠어요.　⇨ ……………………
(４)　고향이 도쿄예요.　⇨ ……………………

練習2－2 《보기》のように対話文を作り、対話練習をしてみましょう。

《보기》　가 : 왜 이렇게 일찍 출발해요?　(주말이라서 길이 복잡하다)
　　　　나 : 주말이라서 길이 복잡할 것 같아서요.

(１)　가 : 왜 월요일에 갔어요?　(일요일에는 사람이 많다)
　　　나 : ……………………
(２)　가 : 왜 스웨터를 가지고 가세요?　(밤에는 조금 춥다)
　　　나 : ……………………
(３)　가 : 그 일을 왜 거절했어요?　(저한테는 아무래도 힘들다)
　　　나 : ……………………
(４)　가 : 왜 그 스카프를 샀어요?　(어머니에게 잘 어울리다)
　　　나 : ……………………

単語ポケット（２－１）

7-7

나이	歳、年齢	이렇게	こんなに、このように	거절하다	断る	어울리다	似合う
생각보다	思ったより	복잡하다	混んでいる、複雑だ	아무래도	どうやら、どうしても	열리다	開く
어리다	幼い	스웨터	セーター	힘들다	大変だ、つらい	입원하다	入院する
고향	故郷	가지고 가다	持っていく	스카프	スカーフ	문	門、ドア

ポイント3 -아/어 있다　～ている（完了状態の持続）

7-8

動詞の語幹について、動作が完了しその状態が持続していることを表します。目上の人には「-아/어 계시다」を使います。

陽母音語幹 ＋ 아 있다	오다 来る	→	**와 있다 / 와 계시다** 来ている / 来ていらっしゃる
陰母音語幹 ＋ 어 있다	열리다 開く	→	열려 **있다** 開いている
하다用言 → 해 있다	입원하다 入院する	→	입원**해 있다** 入院している

＊1課で学習した「-고 있다（～ている）」、「-고 계시다（～ていらっしゃる）」は動作の現在進行を表します。

가다 行く → 학교에 가고 있어요.　学校に行っています。(学校に向っている途中)
　　　　　　학교에 가 있어요.　学校に行っています。(すでに学校に行って、そこにいる)

지금 일본에 와 있어요. / 와 계세요.　今、日本に来ています/来ていらっしゃいます。
문이 열려 있어요.　ドアが開いています。
며칠전부터 병원에 입원해 있었어요.　数日前から病院に入院していました。

입다（着る、はく）、신다（履く）、쓰다（かける、かぶる）、벗다（脱ぐ）などの着脱動詞は、動作の進行だけではなく、完了状態の持続にも「-고 있다」をつけます。

입다 はく → 바지를 입고 있어요.　ズボンをはいています。(はいている途中/はいた状態)
쓰다 かける → 안경을 쓰고 있어요.　眼鏡をかけています。(かけている途中/かけた状態)

練習3 《보기》のように質問に答えて、対話練習をしてみましょう。

《보기》 가：지금 어디에 있어요?　(커피숍 안쪽에 앉다)
　　　　나：커피숍 안쪽에 앉아 있어요.

（1） 가：유명한 가게예요?　(네, 항상 사람들이 줄을 서다)
　　 나：

（2） 가：요즘 어떻게 지내요?　(한국 드라마에 빠지다)
　　 나：

（3） 가：뭐 하고 있어요?　(피곤해서 눕다)
　　 나：

（4） 가：누가 하루카 씨예요?　(짧은 치마를 입다)
　　 나：저 사람이에요.

単語ポケット（2－2）

7-9

며칠전	数日前	바지	ズボン	앉다	座る	줄을 서다	列を作る
신다	履く	안경	眼鏡	유명하다	有名だ	드라마	ドラマ
쓰다	かける、かぶる	커피숍	コーヒーショップ	가게	店	빠지다	夢中になる
벗다	脱ぐ	안쪽	内側	항상	いつも	눕다	横になる

7-10

ポイント4 −는/(으)ㄴ 편이다 〜ほうだ（傾向）

物事の傾向を表します。動詞・存在詞の語幹に「−는 편이다」、形容詞・指定詞の語幹に「−(으)ㄴ 편이다」がつきます。

【動詞・存在詞】	【形容詞・指定詞】	
語幹 + 는 편이다 （ㄹ語幹はㄹ脱落）	母音語幹	+ ㄴ 편이다
	ㄹ語幹（ㄹ脱落）	+ ㄴ 편이다
	子音語幹	+ 은 편이다

먹다	食べる	→	먹는 **편이다**	食べるほうだ
재미있다	面白い	→	재미있는 **편이다**	面白いほうだ
많다	多い	→	많은 **편이다**	多いほうだ
덥다	暑い	→	더운 **편이다**	暑いほうだ
사교적이다	社交的だ	→	사교적인 **편이다**	社交的なほうだ

한국 음식을 자주 먹는 편이에요.	韓国料理をよく食べるほうです。
그 영화는 재미있는 편이에요.	その映画は面白いほうです。
숙제가 많은 편이에요.	宿題が多いほうです。
올여름은 좀 더운 편이에요.	今年の夏は少し暑いほうです。
성격이 사교적인 편이에요.	性格は社交的なほうです。

練習4 《보기》のように質問に答えて、対話練習をしてみましょう。

《보기》 가：한국 드라마를 자주 봐요? （자주 보다）
나：네, 자주 보는 편이에요.

（1） 가：성격이 어때요? （활발하다）
나：

（2） 가：패션에 관심이 많아요? （패션에는 관심이 없다）
나：아뇨,

（3） 가：한국어 공부 어때요? （다른 언어보다 쉽다）
나：

（4） 가：야채를 좋아해요? （별로 안 좋아하다）
나：아뇨,

単語ポケット（3 − 1）

7-11

숙제	宿題	성격	性格	패션	ファッション	언어	言語
올여름	今年の夏	활발하다	活発だ	다른	他の、別の	야채	野菜

復習Plus

❶ □の中からどれか一つを選び、(　　　　)の用言を適切な形に変えて書き入れてみましょう。(重複選択可、文末は해요体)

-아/어 있다	-아/어 계시다	-고 있다	-고 계시다

(1) 벽에 가족 사진이 ………………………… (걸리다)

(2) 할머니께서는 지금 홍차를 ………………………… (마시다)

(3) 저는 지금 도서관에서 한국어를 ………………………… (번역하다)

(4) 선생님께서 교실 밖에 ………………………… (서다)

(5) 여동생은 구두를 ………………………… (신다)

❷《보기》のように文末を推測表現に直して、対話練習をしてみましょう。

《보기》가 : 오늘 날씨가 흐리네요.　　나 : 네, 비가 오겠다 (올 것 같아요)

(1) 가 : 리사 씨는 시험에 합격했어요?　　나 : 네, 시험에 합격했다 (　　　　　)

(2) 가 : 저 구두 어때요?　　나 : 저한테는 좀 작겠다 (　　　　　)

(3) 가 : 길이 많이 막혀요?　　나 : 네, 조금 늦겠다 (　　　　　)

(4) 가 : 남동생은 요즘도 야구 연습해요?　　나 : 네, 매일 연습하다 (　　　　　)

❸ 次の日本語を韓国語に直してみましょう。

(1) 昨晩、雨がたくさん降ったようです。

⇨ …………………………

(2) 味が少し薄いようです。

⇨ …………………………

(3) 今日は休館日のようです。ドアが閉まっています。

⇨ …………………………

(4) 私のボーイフレンドは背が高くてハンサムなほうです。

⇨ …………………………

単語ポケット(3－2)

7-12

벽	壁	-께서	~が(尊敬)	남동생	弟	휴관일	休館日
할머니	おばあさん、祖母	서다	立つ	야구	野球	닫히다	閉まる
홍차	紅茶	구두	くつ	어젯밤	昨夜、昨晩	잘생기다	ハンサムだ
번역하다	翻訳する	흐리다	曇っている	싱겁다	(味が)薄い	유학생	留学生

総合練習（1）

1 ［　　］の中の語尾を用いて文を完成してみましょう。

-는	-(으)ㄴ	-(으)ㄹ	-았/었을

（1）실은 ＿＿＿＿＿＿ 사람이 생겼어요.　（좋아하다）

（2）한국에 처음 ＿＿＿＿＿＿ 때는 유학생이었습니다.　（오다）

（3）요즘은 바빠서 점심을 못 ＿＿＿＿＿＿ 때도 있습니다.　（먹다）

（4）이건 서울에서 ＿＿＿＿＿＿ 사진입니다.　（찍다）

（5）그 사람은 정말 ＿＿＿＿＿＿ 사람이에요.　（좋다）

（6）여름방학 때 한국에 어학연수를 ＿＿＿＿＿＿ 계획이에요.　（가다）

2 下線部の正しい形を（　　　　）の中に書き入れてみましょう。

（1）지금 살은（　　　　　　　）곳이 어디예요?

（2）배가 아프어서（　　　　　　　）병원에 갔어요.

（3）제 여동생은 맵은（　　　　　　　）음식을 정말 좋아합니다.

（4）비가 와서（　　　　　　　）택시를 타고 갈까요?

（5）주말에 친구를 만나고（　　　　　　　）같이 영화를 봤습니다.

（6）준호 씨는 지금 문 앞에 서고（　　　　　　　）있어요.

（7）시간이 없었어서（　　　　　　　）못 갔어요.

（8）늦으니까（　　　　　　　）미안합니다.

3 ［　　］の中から適切な表現を選んで、日本語訳と同じ意味になるよう文を完成しましょう。
（文末は해요体に）

-는 것 같다	-(으)ㄴ 것 같다	-(으)ㄹ 것 같다	-기로 하다	-(으)ㄴ 적이 있다

（1）어젯밤에 비가 ＿＿＿＿＿＿＿＿＿＿＿＿＿＿　（오다）
（昨夜雨が降ったようです）

（2）집에서 삼계탕을 ＿＿＿＿＿＿＿＿＿＿＿＿＿＿　（만들다）
（家でサムゲタンを作ったことがあります）

（3）매일 아침 30분 정도 운동을 ＿＿＿＿＿＿＿＿＿＿＿＿＿＿　（하다）
（毎朝30分ぐらい運動をしているようです）

（4）내일은 오늘보다 ＿＿＿＿＿＿＿＿＿＿＿＿＿＿　（춥다）

(明日は今日より寒そうです)

(5) 모레부터 도서관에서 친구하고 ＿＿＿＿＿＿＿＿＿＿＿ ＿＿＿＿＿ (공부하다)
(明後日から図書館で友達と勉強することにしました)

(6) 다음 주쯤에 벚꽃이 ＿＿＿＿＿＿＿＿＿＿＿＿＿＿＿＿＿＿ (피다)
(来週頃桜が咲きそうです)

4 (　　) の中に入れるのに適切なものを①～④の中から1つ選んでみましょう。

(1) 가 : 다음 주에 같이 제주도에 갈까요?
나 : 정말요? 꼭 한번 (　　　　　　　　　　)
① 가고 있어요.　　　② 가 보고 싶었어요.
③ 가 있어요.　　　④ 간 적이 있어요.

(2) 가 : 어디서 기다리시겠어요?
나 : 학교 앞에서 (　　　　　　　　　　)
① 기다리네요.　　　② 기다려 봤어요.
③ 기다릴게요.　　　④ 기다린 것 같아요.

(3) 가 : 교실이 좀 춥습니까?
나 : 네, 에어컨 좀 (　　　　　　　　　　)
① 꺼 주시겠어요?　　　② 깎아 주시겠어요?
③ 보여 주시겠어요?　　　④ 닫아 주시겠어요?

(4) 가 : 어제 소포가 도착했어요.
나 : 생각보다 빨리 (　　　　　　　　　　)
① 도착했네요.　　　② 도착하겠어요.
③ 도착하기로 했어요.　　　④ 도착할게요.

(5) 가 : 한국어 공부는 어때요?
나 : 일본어와 비슷한 점이 많아서 (　　　　　　　　　　)
① 공부하기 어려워요.　　　② 공부하기 쉬워요.
③ 공부 못 해요.　　　④ 공부할 거예요.

5 音声を聞いて (　　) の中に語句を書き入れてみましょう。 7-13

(1) 너무 (　　　　　　) 숙제를 (　　　　) (　　　　　　　).
(2) (　　　　　　　　　　) 지금 커피를 (　　　　　) (　　　　　　　).
(3) 저는 패션에는 관심이 (　　　　　) (　　　　　　　).
(4) 저기 (　　　　　) (　　　　　) 옷 좀 보여 주세요.
(5) 내일은 오후에 비가 많이 (　　　　) (　　　　　　　).

第8課

8-1

다음 주에 한국어로 발표가 있는데요.

来週韓国語で発表があるんですが。

会話

하루카 ❶ 준호 씨, 오늘 시간 있어요?

준호 ❷ 네, 지금도 **괜찮은데** 무슨 일이에요?

하루카 ❸ 실은 다음 주에 한국어로 발표가 **있는데요**.

❹ 자신이 없어서요.

준호 ❺ 발표문은 다 썼어요?

하루카 ❻ 아뇨, 아직이에요.

준호 ❼ 제가 도와줄까요?

하루카 ❽ 일단 혼자서 **써 보다가** 힘들면 **전화해도 돼요**?

준호 ❾ 물론이죠. 언제든지 괜찮으니까 모르는 게 있으면 연락 주세요.

하루카 ❿ 고마워요. 많이 **걱정했는데** 이제 마음이 놓이네요.

学習ポイント

1. -는데/(으)ㄴ데
   ～だが、～けど、～から、～のに（前置き）
2. -다가
   ～途中で、～ているうちに、～ていて
   （動作の中断、転換）
3. -아/어도 되다
   ～てもいい（許可）

8-2

発音

❸ 있는데요　〔인는데요〕
❹ 없어서요　〔업써서요〕
❽ 일단　〔일딴〕
❾ 연락 주세요　〔열락쭈세요〕
❿ 걱정했는데　〔걱쩡핸는데〕

語句の解説

❷ 지금도	今も、今でも	❽ 일단	［一旦］、とりあえず
괜찮다	大丈夫だ、良い	혼자서	1人で
-(으)ㄴ데	～だが（前置き） 形容詞語幹に接続	-다가	～ているうちに、ていて、 途中で
무슨 일이에요?	どうかしましたか、どうしたんですか、何の用ですか	힘들다	大変だ、つらい
❸ 실은	［実］は	전화하다	［電話］する
발표	［発表］	-아/어도 되다	～てもいい（許可）
-는데요	～ですが、ますが（前置き） 動詞・存在詞語幹に接続	❾ 언제든지	いつでも
❹ 자신	［自信］	모르다	知らない、わからない
-아/어서요	～てです、からです	게	ことが、「것이」の縮約形
❺ 발표문	［発表文］	연락	［連絡］
다	すべて、全部	❿ 걱정하다	心配する
쓰다	書く（으不規則、2課）	-았/었는데	～たが（前置き）
❼ 제가	私が	이제	もう、もうすぐ、やっと
도와주다	手伝ってあげる	마음이 놓이다	安心する、ほっとする

会話の訳を完成してみましょう。

하루카：❶ チュノさん、今日時間ありますか。

준　호：❷ はい、今でも＿＿＿＿＿＿＿＿

하루카：❸ 実は来週韓国語で＿＿＿＿＿＿＿＿

❹ ＿＿＿＿＿＿＿＿

준　호：❺ 発表文は書き終わりましたか。

하루카：❻ いいえ、まだです。

준　호：❼ 私が＿＿＿＿＿＿＿＿

하루카：❽ とりあえず１人で＿＿＿＿＿＿＿＿大変なら＿＿＿＿＿＿＿＿

준　호：❾ もちろんですよ。いつでもいいので、わからないことがあったら連絡ください。

하루카：❿ ありがとうございます。とても＿＿＿＿＿＿＿＿やっと安心しました。

8-3

ポイント1　-는데/(으)ㄴ데　～だが、～けど、～から、～のに（前置き）

用言の語幹について前置きとして状況を説明したり、婉曲、理由、逆接などの意を表します。動詞・存在詞には「-는데」を、形容詞・指定詞には「-(으)ㄴ데」をつけます。また、過去時制の「-았/었」と意志・推測の「-겠」には「-는데」を接続します。終結語尾요をつけて「-는데요/(으)ㄴ데요」（～ますが、～ですが）の形で使うこともできます。

【動詞・存在詞】	-는데	語幹（ㄹ語幹はㄹ脱落）	+는데
【形容詞・指定詞】	-(으)ㄴ데	母音語幹	+ㄴ데
		ㄹ語幹(ㄹ脱落)	+ㄴ데
		子音語幹	+은데
【過去：-았(었)/ 意志・推測：-겠】	-는데	-았(었)/-겠	+는데

가다	行く	→	가는데	行きますが
좋다	良い	→	좋은데	いいから
친구이다	友達だ	→	친구인데	友達ですが
먹었다	食べた	→	먹었는데	食べましたが

시장에 가는데 같이 가시겠어요?　　市場に行きますが一緒に行かれますか。

날씨가 좋은데 같이 산책이나 할까요?　　天気がいいから一緒に散歩でもしましょうか。

제 친구인데 요리를 정말 잘해요.　　私の友達ですが料理がとても上手です。

비빔밥을 먹었는데 너무 맛있었어요.　　ビビンパを食べましたがとてもおいしかったです。

練習1-1　次の用言に語尾を接続してみましょう。

動詞/存在詞		-는데
① 보다	見る	
② 살다	住む	
③ 있다	ある、いる	
形容詞/指定詞		**-(으)ㄴ데**
④ 젊다	若い	
⑤ 어둡다	暗い	

⑥ 아프다	痛い	
⑦ 봄이다	春だ	
過去/意志・推測		**-는데**
⑧ 끝냈다	終えた	
⑨ 추웠다	寒かった	
⑩ 가겠다	行くつもりだ	
⑪ 덥겠다	暑いだろう	

単語ポケット（1－1）

8-4

시장	市場	비빔밥	ビビンパ	어둡다	暗い	끝내다	終える
산책	散歩	젊다	若い	봄	春	다니다	通う

練習1－2 《보기》のように文を完成し、対話練習をしてみましょう。

《보기》　가：여동생 있어요?　(남동생은 있다 / 여동생은 없다)
　　　　나：아뇨, 남동생은 있는데 여동생은 없어요.

(1)　가：어제 뭐 했어요?　(영화를 봤다 / 정말 재미있었다)
　　 나：

(2)　가：학교까지 어떻게 다녀요?　(자전거로 다니다 /시간이 많이 걸리다)
　　 나：

(3)　가：뭘 시킬까요?　(날씨가 춥다 / 따뜻한 갈비탕이라도 시키다)
　　 나：

(4)　가：오늘이 생일이에요?　(오늘이 생일이다 / 미역국도 못 먹었다)
　　 나：네,

ポイント2　–다가　～途中で、～ているうちに、～ていて（動作の中断、転換）

8-5

用言の語幹について、ある行為や状態が完了しないうちに別の行為や状態に変わることを表します。

語幹 + 다가	
	가다　行く　→　가**다가**　行く途中で
	듣다　聞く　→　듣**다가**　聞いているうちに

집에 가다가 우연히 친구를 만났어요.　家に行く（帰る）途中で偶然友達に会いました。

음악을 듣다가 잠이 들었어요.　音楽を聞いているうちに寝入ってしまいました。

練習2 《보기》のように質問に答えて、対話練習をしてみましょう。

《보기》　가：왜 지각했어요?　(학교에 오다 / 배가 아파서 늦었다)
　　　　나：학교에 오다가 배가 아파서 늦었어요.

(1)　가：어제 늦게 잤어요?　(드라마를 보다 / 늦게 잤다)
　　 나：네,

(2)　가：책을 다 읽었어요?　(책을 읽다 / 친구가 와서 놀았다)
　　 나：아뇨,

(3)　가：왜 다리를 다쳤어요?　(자전거를 타다 / 넘어졌다)
　　 나：

(4)　가：무슨 좋은 일이라도 있어요?　(청소를 하다 / 만 엔을 찾았다)
　　 나：네,

単語ポケット（1－2）

8-6

자전거	自転車	미역국	わかめスープ	늦게	遅く	다치다	怪我する
시키다	注文する	우연히	偶然	다	すべて	넘어지다	転ぶ、倒れる
따뜻하다	暖かい	잠이 들다	眠る、寝入る	놀다	遊ぶ	-엔	～円
갈비탕	カルビタン（料理名）	지각하다	遅刻する	다리	足	찾다	探す、見つける

8-7

ポイント3 -아/어도 되다 ～てもいい（許可）

用言の語幹について、許可や譲歩の意を表します。「-아/어도 괜찮다/좋다」も似た意味で使えます。

陽母音語幹 ＋아도 되다	닫다	閉める	→	닫**아도 되다**	閉めてもいい
陰母音語幹 ＋어도 되다	피우다	吸う	→	피**워도 되다**	吸ってもいい
하다動詞 →해도 되다	전화하다	電話する	→	전화**해도 되다**	電話してもいい

禁止や不許可を表す「-(으)면 안 되다」（～てはいけない）も対で覚えておきましょう。

가：좀 추운데 창문을 닫아도 돼요?　　少し寒いんですが窓を閉めてもいいですか。
나：아뇨, 창문을 닫으면 안 돼요.　　いいえ、窓を閉めてはいけません。

가：여기서 담배를 피워도 됩니까?　　ここでタバコを吸ってもいいですか。
나：아뇨, 여기서는 담배를 피우면 안 됩니다.　　いいえ、ここではタバコを吸ってはいけません。

가：밤 늦게 전화해도 돼요?　　夜遅く電話してもいいですか。
나：아뇨, 밤 늦게 전화하면 안 돼요.　　いいえ、夜遅く電話してはいけません。

練習3 《보기》のように質問に答えて、対話練習をしてみましょう。

《보기》 너무 배가 고픈데 먼저 먹다
가：너무 배가 고픈데 먼저 먹어도 돼요?
나：네, 먼저 먹어도 돼요. / 아뇨, 먼저 먹으면 안 돼요.

（1） 보고서를 늦게 제출하다
가：
나：아뇨,

（2） 좀 더운데 에어컨을 켜다
가：
나：네,

（3） 수업 시간에 핸드폰을 보다
가：
나：아뇨,

（4） 내일 회사에 찾아가다
가：
나：네,

単語ポケット（2－1）

8-8

닫다	閉める	밤	夜	제출하다	提出する	찾아가다	訪ねていく
피우다	吸う	먼저	先に	수업	授業	찾아오다	訪ねてくる
담배	タバコ	보고서	報告書	핸드폰	携帯電話		

復習Plus

❶ 《보기》のように「-는데요、-(으)ㄴ데요」を用いて状況を説明し、[　　]の中からそれに合ったアドバイスを選んで、訳してみましょう。

> ~~집에 가서 푹 쉬세요~~ / 다시 설정해 보세요 / 천천히 와도 돼요
> 우산을 빌려 드릴게요 / 빨리 여행사에 전화해 보세요

《보기》 열도 나고 머리도 아프다
가 : 열도 나고 머리도 아픈데요.　　나 : 집에 가서 푹 쉬세요.
訳 : 熱も出るし、頭も痛いのですが…　　家に帰ってゆっくり休んでください

（1） 갑자기 비가 오다
가 : ....　　나 : ....
訳 :

（2） 비밀번호를 잊어버렸다
가 : ....　　나 : ....
訳 :

（3） 예약을 변경하고 싶다
가 : ....　　나 : ....
訳 :

（4） 조금 늦을 것 같다
가 : ....　　나 : ....
訳 :

＊「-고 싶다」と「-것 같다」は、-(으)ㄴ데요を接続します。

❷ 次の日本語を韓国語に直してみましょう。

（1） 日曜日なのに学校に行きますか。
⇨ ....

（2） デパートでショッピングをしていて（している途中で）偶然先生に会いました。
⇨ ....

（3） 少し暑いですが、窓を開けてもいいですか。
⇨ ....

（4） 授業時間に居眠りしてはいけません。
⇨ ....

単語ポケット（2 － 2）

8-9

다시	再び、もう一度	빌려 드리다	お貸しする	열이 나다	熱が出る	잊어버리다	忘れてしまう
설정하다	設定する	여행사	旅行会社	푹	ゆっくり	예약	予約
천천히	ゆっくり	열	熱	갑자기	急に	변경하다	変更する
우산	傘	나다	出る	비밀번호	暗証番号	졸다	居眠りする

9-1

第9課

음성 파일을 들으면서 공부했어요.

音声ファイルを聞きながら勉強しました。

会話

신지 ❶ 지난번 한국어 시험 어땠어요?

하루카 ❷ 합격했어요. 신지 씨는요?

신지 ❸ 저는 생각보다 점수가 별로 안 나와서 떨어졌어요.

❹ 하루카 씨는 어떻게 공부했어요?

하루카 ❺ 저는 교재에 있는 음성 파일을 **들으면서** 공부했어요.

신지 ❻ 그랬어요?

❼ 전 음성 파일을 한번도 안 **들었어요**.

하루카 ❽ 문제만 **풀지 말고** 음성 파일도 같이 **들어 보세요**.

신지 ❾ 네, 그렇게 해 볼게요.

하루카 ❿ 절대 **포기하지 마세요**.

⓫ 다음 번엔 꼭 합격할 거예요.

学習ポイント

1. ㄷ〔디귿〕不規則活用
2. -(으)면서
   ～ながら（同時進行）
3. -지 말다
   ～のをやめる（禁止）

9-2

発音

❷ 합격했어요 〔합껴캐써요〕
❷ 신지 씨는요 〔신지씨는뇨〕
❸ 떨어졌어요 〔떠러져써요〕
❿ 절대 〔절때〕
⓫ 다음 번엔 〔다음뻐넨〕
⓫ 합격할 거예요 〔합껴칼꺼에요〕

語句の解説

❶ 지난번	この前、前回、この間	❼ 전	私は　（「저는」の縮約）
시험	［試験］	❽ 문제	問題
어땠어요?	どうでしたか ＊基本形は어떻다（どうだ） （ㅎ不規則、13課）	-만	～だけ、ばかり（助詞）
❷ 합격하다	［合格］する、受かる	풀다	解く、ほどく（ㄹ脱落）
❸ 점수	［点数］	-지 말고	～ないで（禁止）
별로	あまり、さほど、［別］に	-아/어 보세요	～てみてください（助言）
나오다	出る、出てくる、 （点数が）とれる	❾ 그렇게	そのように、そんなに
떨어지다	落ちる	-아/어 볼게요	～てみます ＊「-아/어 보다」（試み・経験） ＋「-(으)ㄹ게요」（意志・約束）
❹ 어떻게	どうやって、どのように、どう	❿ 절대	［絶対］
❺ 교재	［教材］	포기하다	諦める、放棄する〈抛棄ー〉
음성 파일	［音声］ファイル	-지 마세요	～ないでください（禁止）
듣다	聞く（ㄷ不規則）	⓫ 다음 번	今度、次回
-(으)면서	～ながら（同時進行）	-엔	～には　（「-에는」の縮約）
❻ 그랬어요?	そうでしたか、そうだったんですか ＊基本形は그렇다（そうだ） （ㅎ不規則、13課）	꼭	必ず、是非
		-(으)ㄹ 거예요	～でしょう、と思います （推測）

会話の訳を完成してみましょう。

신　지：❶ この前の韓国語の試験どうでしたか。

하루카：❷ 合格しました。真司さんは。

신　지：❸ 私は思ったより点数があまりとれなくて落ちました。

❹ はるかさんはどうやって勉強したんですか。

하루카：❺ 私は教材にある________________勉強しました。

신　지：❻ そうだったんですか。

❼ 私は音声ファイルを一度も________________

하루카：❽ 問題だけ________________音声ファイルも一緒に________________

신　지：❾ はい、________________

하루카：❿ ________________

⓫ 次回は________________

9-3

ポイント1　ㄷ〔디귿〕不規則活用

語幹末が「ㄷ」で終わる動詞の一部は母音「-으、-아/어」で始まる語尾が続くと、ㄷ不規則活用をします。

「-으、-아/어」で始まる語尾が続くと、語幹末の「ㄷ」➡「ㄹ」に変わる。

		【-(으)면（～れば、たら）】	【-아/어요（～ます、です）】
・듣다 聞く	：	듣+**으면** ⇨ **들으면**	듣+**어요** ⇨ **들어요**
・걷다 歩く	：	걷+**으면** ⇨ **걸으면**	걷+**어요** ⇨ **걸어요**

음악을 들으면 스트레스가 풀려요.　　音楽を聞くとストレスがとれます。

매일 한 시간씩 걸어요.　　毎日1時間（ずつ）歩いています。

「**받다**：もらう」「**닫다**：閉める」「**믿다**：信じる」などは規則的に活用します。

생일 선물을 받아서 정말 기뻐요.　　誕生日プレゼントをもらってとても嬉しいです。

練習1-1　次の用言に語尾を接続してみましょう。

基本形		-아/어요 ～ます、です	-았/었어요 ～ました	-(으)면 ～れば、たら	-(으)ㄴ 過去連体形
ㄷ不規則	① 듣다　聞く				
	② 걷다　歩く				
	③ 묻다　尋ねる				
	④ 싣다　積む				
	⑤ 알아듣다　理解する				
規則	⑥ 닫다　閉める				
	⑦ 받다　もらう				

練習1-2　《보기》のように指定された語尾を用いて、質問に答えてみましょう。

《보기》　가：집에서 역까지 얼마나 걸려요?　（ 걷다〔-아/어서〕 5분밖에 안 걸려요 ）

나：걸어서 5분밖에 안 걸려요.

単語ポケット（1－1）

9-4

듣다	聞く	묻다	尋ねる	얼마나	どれぐらい	안내원	案内員
걷다	歩く	싣다	積む	걸리다	かかる	하루종일	一日中
-씩	～ずつ	알아듣다	理解する	-밖에	～しか	트렁크	トランク
믿다	信じる	역	駅	출구	出口	밖	外

（1） 가 : 출구가 어디예요?　　　　(저기 안내원에게 묻다〔-아/어 보세요〕)
　　 나 :

（2） 가 : 어제는 뭐 했어요?　　　　(하루종일 집에서 음악을 듣다〔-았/었어요〕)
　　 나 :

（3） 가 : 이 가방은 어떻게 할까요?　　(트렁크에 싣다〔-아/어 주세요〕)
　　 나 :

（4） 가 : 밖이 좀 시끄러워요?　　　　(창문을 좀 닫다〔-아/어 주시겠어요?〕)
　　 나 : 네,

ポイント2　-(으)면서　～ながら (同時進行)

9-5

用言の語幹について、2つ以上の動作や状態が同時に行われていることを表します。

母音語幹　+ 면서	보다	見る	→	보**면서**	見ながら
ㄹ語幹　+ 면서	울다	泣く	→	울**면서**	泣きながら
子音語幹　+ 으면서	먹다	食べる	→	먹**으면서**	食べながら

한국 드라마를 보면서 공부했어요.　　韓国ドラマを見ながら勉強しました。
울면서 얘기했어요.　　泣きながら話しました。
과자를 먹으면서 만화를 봐요.　　お菓子を食べながら漫画を見ます。

練習2 《보기》のように質問に答えて、対話練習をしてみましょう。

《보기》　가 : 한국어를 어떻게 공부해요?　　(드라마 자막을 보다 / 공부하다)
　　　　　나 : 드라마 자막을 보면서 공부해요.

（1） 가 : 어제 뭐 했어요?　　　(친구하고 커피를 마시다 / 이야기했다)
　　 나 :

（2） 가 : 뭐 하고 있었어요?　　　(유튜브를 보다 / 댓글을 읽고 있었다)
　　 나 :

（3） 가 : 주말에 뭐 할 거예요?　　(문제집을 풀다 / 시험 준비를 할 거다)
　　 나 :

（4） 가 : 시간이 있을 때 뭘 해요?　　(음악을 듣다 / 가로수길을 걷다)
　　 나 :

単語ポケット（1 － 2）

9-6

시끄럽다	うるさい	만화	漫画	유튜브	ユーチューブ	준비	準備
울다	泣く	자막	字幕	댓글	(ネット) コメント	가로수길	並木道
드라마	ドラマ	커피	コーヒー	문제집	問題集		
과자	お菓子	이야기하다	話す	풀다	解く、ほどく		

9-7

ポイント3 –지 말다　～のをやめる（禁止）

用言の語幹について、禁止の意を表します。「–지 말고」（～（し）ないで）、「–지 마세요」（～（し）ないでください）の形でよく使われます。同じ禁止表現として「–지 마십시오」がありますが、こちらは会議や演説などの公的な場でよく使われます。

語幹 ＋지 말고 ～（し）ないで	무리하다 → **무리하지 말고** 無理する　無理しないで	
語幹 ＋지 마세요(마십시오) ～（し）ないでください	가다 → **가지 마세요（마십시오）** 行く　行かないでください	

무리하지 말고 좀 쉬세요.　　無理しないで少し休んでください。

위험하니까 가지 마세요(마십시오).　　危険なので行かないでください。

練習3–1 《보기》のように文を完成し、対話練習をしてみましょう。

《보기》 가：감기에 걸렸어요.　（ 무리하다 / 쉬다 ）
나：무리하지 말고 쉬세요.

（1） 가：밤 12시까지 게임을 했어요.　（게임만 하다 / 공부도 하다）
나：

（2） 가：열이 좀 있어요.　（밖에 나가다 / 집에서 쉬다）
나：

（3） 가：약속 시간에 좀 늦을 것 같아요.　（서두르다 / 천천히 오다）
나：

（4） 가：돼지갈비가 너무 맛있어요.　（고기만 먹다 / 야채도 같이 드시다）
나：

練習3–2 《보기》のように禁止表現に直してみましょう。

《보기》 박물관에서는 사진을 찍다
박물관에서는 사진을 찍지 마세요.

（1） 여기에 쓰레기를 버리다

単語ポケット（2 － 1）

9-8

무리하다	無理する	나가다	出かける	고기	肉	버리다	捨てる
위험하다	危険だ	서두르다	急ぐ	야채	野菜	주차하다	駐車する
게임을 하다	ゲームをする	돼지	豚	박물관	博物館	실내	室内
열	熱	갈비	カルビ	쓰레기	ごみ	피우다	吸う

（2） 학교 앞에 주차하다

（3） 실내에서는 담배를 피우다

（4） 작품을 만지다

復習Plus

❶ 《보기》のように文脈に合わせて「-지 말고」か「-(으)면서」を用いて文を完成し、自分のアドバイスを選んで相手と助言し合ってみましょう。

《보기》 감기에 걸린 것 같아요.　　私のアドバイス（　　　）　相手のアドバイス（　　）
① 무리하다 / 푹 주무시다 → 무리하지 말고 푹 주무세요.
② 따뜻한 차를 마시다 / 집에서 쉬다 → 따뜻한 차를 마시면서 집에서 쉬세요.

（1） 살이 안 빠져요.　　私のアドバイス（　　　）　相手のアドバイス（　　）
① 음식을 다 먹다 / 조금 남겨 보다 →
② 엘리베이터를 타다 / 계단을 이용해 보다 →

（2） 한국어 실력이 안 늘어요.　　私のアドバイス（　　　）　相手のアドバイス（　　）
① 한국 노래를 듣다 / 가사를 공부해 보다 →
② 교과서만 보다 / 한국 사람과 얘기해 보다 →

❷ 次の日本語を韓国語に直してみましょう。（文末は해요体に）

（1） 音声ファイルを聞きながら発音の練習をしてみてください。
⇨

（2） わからないことがあったらいつでも尋ねてみてください。
⇨

（3） 諦めないで一生懸命にやれば次回は合格するでしょう。
⇨

（4） 危ないから運転をしながら電話しないでください。
⇨

単語ポケット（2－2）

작품	作品	살이 빠지다	痩せる	계단	階段	교과서	教科書
만지다	触る	다	すっかり、全部	이용하다	利用する	얘기하다	話す
푹	ゆっくり	남기다	残す	실력	実力	발음	発音
차	お茶	엘리베이터	エレベーター	가사	歌詞	운전하다	運転する

9-9

10-1

第10課

지은 지 벌써 30년이나 됐어요.

建ててからもう30年にもなりました。

会話

준호 ❶ 어서 오세요.

하루카 ❷ 초대해 줘서 고마워요.

❸ 강아지가 참 귀엽네요. 이름이 뭐예요?

준호 ❹ 하나예요.

하루카 ❺ 누가 이름을 **지었어요**?

❻ 한국말 일본말 둘 다 의미가 통하네요.

준호 ❼ 제가 **지었어요.**

❽ 꽃처럼 예쁘고 이 세상에 하나뿐인 우리 강아지 너무 귀엽죠!

하루카 ❾ 네. 그런데 집이 새집이네요.

준호 ❿ 새집 아니에요. **지은 지** 벌써 30년이나 됐어요.

⓫ 작년에 리폼을 해서 **깨끗해졌어요.**

하루카 ⓬ 너무 깨끗해서 새집처럼 보여요.

学習ポイント

1. ㅅ〔시옷〕不規則活用
2. -아/어지다
 ～くなる、～になる（状態の変化）
3. -(으)ㄴ 지
 ～てから、～て以来（時間の経過）

10-2

発音

❸ 귀엽네요	〔귀염네요〕
❻ 한국말	〔한궁말〕
⓫ 작년에	〔장녀네〕
⓫ 깨끗해졌어요	〔깨끄태져써요〕
⓬ 깨끗해서	〔깨끄태서〕

語句の解説

❶ 어서	どうぞ ＊어서 오세요：どうぞいらっしゃいませ	-뿐	～だけ（助詞）
❷ 초대하다	［招待］する	-인	～である～（指定詞の現在連体形）
-아/어 주다	～てくれる	우리	私たち、うちの
❸ 강아지	小犬	❾ 그런데	ところで、ところが
참	とても	새집	新しい家、新築
귀엽다	可愛い（ㅂ不規則、6課）	❿ -(으)ㄴ 지	～てから、て以来（時間の経過）
이름	名前	벌써	もう、すでに
❺ 누가	誰が	-년	～［年］
짓다	（名前を）つける、建てる、作る（ㅅ不規則）	-가/이 되다	～になる（体言につく）
❻ 둘 다	両方とも、2つとも	-(이)나	～も（強調） ＊主に数字と一緒に使われて予想を超えたことを表す
의미	［意味］	⓫ 작년	［昨年］去年
통하다	［通］じる	리폼	リフォーム
❽ 꽃	花	깨끗하다	きれいだ、清潔だ
-처럼	～のように（助詞）	-아/어지다	～くなる、になる（状態の変化）
세상	世、世の中		

会話の訳を完成してみましょう。

준　호：❶ どうぞいらっしゃい。

하루카：❷ 招待してくれてありがとうございます。

❸ 小犬がとても可愛いですね。名前は何ですか。

준　호：❹ ハナです。

하루카：❺ ＿＿＿＿＿＿＿＿

❻ 韓国語、日本語両方とも＿＿＿＿＿＿＿＿

준　호：❼ ＿＿＿＿＿＿＿＿

❽ 花のようにきれいで、この世に1匹だけのうちの小犬、とても可愛いでしょう。

하루카：❾ ええ。ところで新築の家ですね。

준　호：❿ 新築ではありません。＿＿＿＿＿＿＿＿

⓫ 去年リフォームをして＿＿＿＿＿＿＿＿

하루카：⓬ ＿＿＿＿＿＿＿＿

10-3

ポイント1　ㅅ〔시옷〕不規則活用

語幹末が「ㅅ」で終わる用言の一部は「으、-아/어」で始まる語尾が続くと、ㅅ不規則活用をします。

「-으、-아/어」で始まる語尾が続くと、語幹末の「ㅅ」が脱落する。

【-(으)면（～れば、たら）】　【-았/었어요（～ました、かったです）】

・낫다 治る　：낫 + **으면** ⇨ **나으면**　　낫 + **았어요** ⇨ **나았어요**

・짓다 建てる：짓 + **으면** ⇨ **지으면**　　짓 + **었어요** ⇨ **지었어요**

감기가 다 나으면 연락 주세요.　　風邪がすっかり治ったら連絡ください。

이 건물은 유명한 건축가가 지었어요.　　この建物は有名な建築家が建てました。

「**벗다**：脱ぐ」「**씻다**：洗う」「**웃다**：笑う」などは規則的に活用します。

손을 깨끗이 씻으세요.　　手をきれいに洗ってください。

練習1-1　次の用言に語尾を接続してみましょう。

	基本形		-아/어서 ～て、ので、から	-았/었어요 ～ました、かったです	-(으)면 ～れば、たら
ㅅ不規則	① 짓다	建てる、作る			
	② 낫다	治る、優れている			
	③ 붓다	注ぐ、腫れる			
	④ 잇다	繋ぐ、結ぶ			
規則	⑤ 벗다	脱ぐ			
	⑥ 씻다	洗う			
	⑦ 웃다	笑う			

練習1-2　《보기》のように〔　　〕の語尾を用いて文を完成してみましょう。

《보기》 감기가 다 나으면 〔-(으)면〕 연락할게요.（낫다）

（1）뜨거운 물을 ……………………〔-아/어〕주세요.（붓다）

（2）이 약을 먹고 푹 쉬면 ……………………〔-(으)ㄹ 거예요〕（낫다）

（3）제 이름은 할아버지가 ……………………〔-았/었어요〕（짓다）

（4）밖에서 돌아오면 꼭 손을 ……………………〔-(으)세요〕（씻다）

単語ポケット（1－1）

10-4

낫다	治る、優れている	벗다	脱ぐ	깨끗이	きれいに	돌아오다	帰ってくる
짓다	建てる、作る	씻다	洗う	붓다	注ぐ、腫れる	꼭	必ず
다	すっかり	웃다	笑う	잇다	繋ぐ、結ぶ	건강	健康
건축가	建築家	손	手	물	水	생기다	できる

ポイント2 -아/어지다　～くなる、～になる（状態の変化）

10-5

形容詞の語幹について状態の変化を表します。

陽母音語幹　＋아지다	좋다	良い	→	**좋아지다**	良くなる
陰母音語幹　＋어지다	덥다	暑い	→	**더워지다**	暑くなる
하다用言　→해지다	편리하다	便利だ	→	**편리해지다**	便利になる

건강이 많이 좋아졌어요.　　健康（状態）がだいぶ良くなりました。

요즘 날씨가 갑자기 더워졌어요.　　最近急に暑くなりました。

지하철이 생겨서 교통이 편리해졌어요.　　地下鉄ができて交通が便利になりました。

練習2 《보기》のように文を完成してみましょう。

《보기》 연습을 많이 하다 / 발음이 좋다

⇨ 연습을 많이 해서 발음이 좋아졌어요.

（1） 아침마다 운동을 하다 / 건강하다

⇨ ....

（2） 다이어트를 하다 / 날씬하다

⇨ ....

（3） 시험에 떨어지다 / 자신이 없다

⇨ ....

（4） 인터넷 게임을 많이 하다 / 눈이 나쁘다

⇨ ....

体言は「**-가/이 되다**（～になる）」をつけて変化を表します。

母音体言　＋가 되다	교사	（教師）	→	**교사가 되다**	（教師になる）
子音体言　＋이 되다	모델	（モデル）	→	**모델이 되다**	（モデルになる）

내년에 중학교 교사가 됩니다.　　来年中学校の教師になります。

장래 희망은 모델이 되는 거예요.　　将来の希望はモデルになることです。

졸업하면 동시 통역사가 되고 싶어요.　　卒業したら同時通訳者になりたいです。

꿈이 현실이 됐어요.　　夢が現実になりました。

単語ポケット（1－2）

10-6

편리하다	便利だ	자신	自信	모델	モデル	동시	同時
-마다	～ごとに	인터넷	インターネット	장래	将来	통역사	通訳者
다이어트	ダイエット	눈	目	희망	希望	꿈	夢
날씬하다	すらりとしている	교사	教師	졸업하다	卒業する	현실	現実

10-7

ポイント3　-(으)ㄴ 지　～てから、～て以来（時間の経過）

動詞に接続して時間の経過を表します。「-(으)ㄴ」の後に分かち書きをして「지」を書くことに注意しましょう。「지」の後に「-는」「-가」「-도」などの助詞をつけて強調することもできます。また、「-(으)ㄴ 지」の後には「-가/이 되다」（～になる）、「-가/이 지나다」（～が経つ、～が過ぎる）などが続くことが多いです。

母音語幹	＋ㄴ 지	배우다	習う	→	배운 지	習ってから
ㄹ語幹（ㄹ脱落）	＋ㄴ 지	살다	住む	→	산 지	住んでから
子音語幹	＋은 지	먹다	食べる	→	먹은 지	食べてから

한국어를 배운 지 1년 반이 됐어요.　　韓国語を習ってから1年半になりました。
서울에 산 지 벌써 10년이 됐어요.　　ソウルに住んでからもう10年になりました。
아침을 먹은 지 30분이 지났어요.　　朝ごはんを食べてから30分が経ちました。

練習3　《보기》のように文を完成し、対話練習をしてみましょう。（数字はハングルで書く）

《보기》　한국에서 생활하다 / 2년
가：한국에서 생활한 지 얼마나 됐어요?　　나：이 년이 됐어요.

（1） 부산에서 살다 / 4개월
가：　　　　　　　　　　나：

（2） 여자 친구를 사귀다 / 1년
가：　　　　　　　　　　나：

（3） 약을 먹다 / 하루
가：　　　　　　　　　　나：

（4） 전화를 받다 / 일주일
가：　　　　　　　　　　나：

（5） 아기가 태어나다 / 한 달
가：　　　　　　　　　　나：

単語ポケット（2－1）

10-8

반	半	부산	釜山	사귀다	付き合う	태어나다	生まれる
벌써	もう、すでに	-개월	～ヵ月	하루	1日	한 달	ひと月
지나다	過ぎる、経つ	여자 친구	ガールフレンド、彼女	일주일	1週間	대학교	大学（校）
생활하다	生活する			아기	赤ちゃん	기숙사	寮、寄宿舎

復習Plus

❶ 次の文を読んで、質問に答えてみましょう。 10-9

안녕하세요? 기무라 아야카입니다. 저는 지금 서울에 살고 있습니다. 대학교에서 한국어를 공부하고 있습니다. 한국어를 공부한 지 2년이 되었습니다. 학교 기숙사에서 살고 있는데 기숙사 옆에는 유명한 건축가가 지은 건물이 있습니다. 그리고 기숙사에서 걸어서 20분정도 가면 인사동도 있습니다. 한국어는 처음에는 발음이 가장 어려웠는데 지금은 많이 좋아졌습니다. 열심히 공부해서 동시 통역사가 되고 싶습니다.

（1） 아야카 씨는 한국어를 공부한 지 얼마나 되었습니까?

（2） 아야카 씨가 살고 있는 기숙사 옆에는 뭐가 있습니까?

（3） 기숙사에서 인사동까지 얼마나 걸립니까?

（4） 아야카 씨 꿈은 무엇입니까?

❷ 《보기》のように「~(으)ㄴ 지 ~가/이 되다」を用いて、文章を書き換えてみましょう。

《보기》 세 시간 전에 커피를 마셨어요. ⇨ 커피를 마신 지 세 시간이 됐어요.

（1） 일주일 전에 휴대폰을 샀어요. ⇨

（2） 1년 전에 대학원에 입학했어요. ⇨

（3） 이틀 전에 연락을 받았어요. ⇨

（4） 5분 전에 터미널에 도착했어요. ⇨

❸ 次の日本語を韓国語に直してみましょう。

（1） 高校を卒業してからもう２年になりました。

⇨

（2） 薬を飲んでゆっくり休めば治るでしょう。

⇨

（3） 急に空が暗くなりました。雨が降りそうです。

⇨

（4） 私の夢は有名な歌手になることです。

⇨

単語ポケット（２－２）

10-10

옆	横、隣	가장	一番、最も	대학원	大学院	도착하다	到着する
그리고	そして	무엇	何	입학하다	入学する	하늘	空
정도	程度	전	前	이틀	二日	어둡다	暗い
인사동	仁寺洞（地名）	휴대폰	携帯電話	터미널	ターミナル	가수	歌手

第11課

11-1

요즘 물가가 많이 올랐거든요.

最近物価がとても上がったんですよ。

会話

하루카 ❶ 준호 씨는 어디서 쇼핑을 해요?

준호 ❷ 요즘은 거의 인터넷에서 쇼핑을 해요.

❸ 시간도 절약되고 배송도 해 주니까 편리해요.

하루카 ❹ 인터넷으로 가방을 사고 싶은데 좀 **도와줄래요**?

❺ 한국어가 **서툴러서** 겁이 나요.

준호 ❻ 네, 그러죠.

❼ 인터넷으로 주문하면 더 싼 경우가 많아요.

하루카 ❽ 그래요? 괜찮은 사이트가 있으면 가르쳐 주세요.

준호 ❾ 이 사이트가 좋아요. 이 제품은 어때요?

하루카 ❿ 가격이 꽤 비싸네요.

준호 ⓫ 네, 요즘 물가가 많이 **올랐거든요**.

学習ポイント

1. 르不規則活用
2. -거든요
   ～んですよ、～ですから（根拠や状況の説明）
3. -(으)ㄹ래요(?)
   ～ます（か）（意志・意向）

11-2

発音

❷ 거의 〔거이〕
❸ 절약되고 〔저략뙤고〕
❸ 편리해요 〔펼리해요〕
⓫ 물가가 〔물까가〕
⓫ 올랐거든요 〔올랃꺼드뇨〕

語句の解説

❶ 쇼핑	ショッピング	❻ 그러죠	そうしましょう（그렇게 하지요の縮約） ＊-지요(죠)には勧誘（～ましょう）の 意味もある。
❷ 요즘	この頃、最近	❼ 주문하다	［注文］する
거의	ほとんど	더	もっと
인터넷	インターネット	싸다	安い
❸ 절약	［節約］	경우	場合〈境遇〉
-되다	～される（受身）	❽ 괜찮다	大丈夫だ、良い、構わない
배송	［配送］	사이트	サイト
-아/어 주다	～てくれる	❾ 제품	［製品］
편리하다	［便利］だ	어때요?	どうですか ＊基本形は어떻다（どうだ） （ㅎ不規則、13課）
❹ -(으)로	～で（手段・方法）	❿ 가격	［価格］、値段
-고 싶다	～たい（希望）	꽤	かなり、ずいぶん
-(으)ㄴ데	～だが、けど（前置き） 形容詞の語幹に接続	⓫ 물가	［物価］
-(으)ㄹ래요?	～ますか（意志・意向）	오르다	上がる、登る（르不規則）
❺ 서투르다	下手だ、苦手だ（르不規則）	-거든요	～んですよ、ですから （根拠や状況の説明）
겁이 나다	怖い、おじけづく、겁나다とも言う 〈怯一〉		

会話の訳を完成してみましょう。

하루카：❶ チュノさんはどこでショッピングをしているんですか。

준　호：❷ 最近はほとんどインターネットでショッピングをしています。

❸ 時間も節約されるし、配送もしてくれるので便利です。

하루카：❹ インターネットでカバンを買いたいんですが、

❺ 怖いです。

준　호：❻ はい、そうしましょう。

❼ インターネットで注文すると

하루카：❽ そうですか。

준　호：❾ このサイトがいいですよ。この製品はどうですか。

하루카：❿

준　호：⓫ はい、

11-3

ポイント1 르不規則活用

語幹末が「르」で終わる用言の大部分は「-아/어」で始まる語尾が続くと、르不規則活用をします。

> 語幹末「르」に「-아/어」で始まる語尾が続くと、
> ①「르」が脱落し、
> ②「르」の前の音節が陽母音の場合は「ㄹ라」、
> 陰母音の場合は「ㄹ러」に変わる。

【-아/어서（～て、ので、から）】

・모르다 知らない ： 모르 ＋ **어서** ⇨ 모 ＋ **ㄹ라서** ⇨ **몰라서** 知らないので

・부르다 満腹だ ： 부르 ＋ **어서** ⇨ 부 ＋ **ㄹ러서** ⇨ **불러서** 満腹なので

한국말을 전혀 몰라서 고생했어요. 韓国語を全く知らなくて苦労しました。

배가 불러서 못 먹겠어요. お腹がいっぱで食べられません。

「르」で終わっても으不規則活用するものがあるので注意しましょう。（2課参照）

「**따르다**：従う、注ぐ」「**들르다**：立ち寄る」「**치르다**：払う」は으不規則活用をします。

갑자기 배가 아파서 약국에 들렀어요. 急にお腹が痛くなって薬局に立ち寄りました。

練習1-1 次の用言に語尾を接続してみましょう。

基本形		-아/어서 ～て、ので、から	-아/어요 ～ます、です	-았/었어요 ～ました、かったです
① 모르다	知らない			
② 부르다	呼ぶ、歌う、満腹だ			
③ 다르다	違う、異なる			
④ 자르다	切る			
⑤ 오르다	上がる、登る			
⑥ 빠르다	速い			
⑦ 고르다	選ぶ			
⑧ 서두르다	急ぐ			
⑨ 흐르다	流れる			
⑩ 기르다	育てる、飼う			

単語ポケット（1－1）

11-4

모르다	知らない	따르다	従う、注ぐ	다르다	違う、異なる	고르다	選ぶ
부르다	呼ぶ、歌う、満腹だ	들르다	立ち寄る	자르다	切る	서두르다	急ぐ
전혀	全く、全然	치르다	払う	오르다	上がる、登る	흐르다	流れる
고생하다	苦労する	약국	薬局	빠르다	速い	기르다	育てる、飼う

練習1－2 《보기》のように〔　〕の語尾を用いて対話文を完成し、対話練習してみましょう。

《보기》　가：여동생하고 사이가 좋아요?（성격이 다르다〔-아/어서〕/자주 싸워요）
나：아뇨, 성격이 달라서 자주 싸워요.

（1）가：어제 뭐 했어요?　（미용실에 가서 머리를 자르다〔-았/었어요〕）
나：

（2）가：더 드시겠어요?　（너무 많이 먹어서 배가 부르다〔-아/어요〕）
나：아뇨,

（3）가：요즘 서울 생활은 어때요?（물가가 많이 오르다〔-아/어서〕/살기 어려워요）
나：

（4）가：방금 수연 씨가 한 얘기 알아들었어요?
（말이 빠르다〔-아/어서〕/못 알아들었어요）
나：아뇨,

ポイント2　-거든요　～んですよ、～ですから（根拠や状況の説明）

11-5

用言の語幹について、理由や根拠、状況などを説明します。過去時制は「-았/었거든요」（～たんですよ）になります。体言につく指定詞は「-(이)거든요」になります。「거든요」はㄴ挿入がおきて〔거든뇨〕と発音されます。

語幹＋거든요	바쁘다	忙しい	→	바쁘**거든요**	忙しいんですよ
	살았다	住んでいた	→	살았**거든요**	住んでいたものですから

가：왜 못 가요?
どうして行けないですか。

나：일이 바쁘거든요.
仕事が忙しいんですよ。

가：이곳을 잘 아시네요.
ここをよくご存じですね。

나：예전에 이곳에서 살았거든요.
昔ここで暮らしていたものですから。

練習2 《보기》のように答えて、対話練習をしてみましょう。

《보기》　가：왜 학교에 안 가요?　（오늘은 수업이 없다）
나：오늘은 수업이 없거든요.

（1）가：벌써 집에 들어가요?　（시골에서 부모님이 오시다）
나：네,

単語ポケット（1－2）

11-6

사이	仲、間	물가	物価	얘기	話	예전	昔、ずっと前
미용실	美容室	방금	たった今	알아듣다	理解する	시골	田舎
생활	生活	하다	言う、する	말	言葉	부모님	ご両親

（2） 가：왜 그 제품만 써요?　　　（값도 싸고 품질이 좋다）
　　 나：

（3） 가：왜 밥을 안 먹어요?　　　（조금 전에 간식을 먹었다）
　　 나：

（4） 가：한국말을 잘하시네요.　　（한국에서 10년이나 살았다 ）
　　 나：

11-7

ポイント3 -(으)ㄹ래요(?) ～ます(か)(意志・意向)

動詞の語幹について意志を表します。主として話し言葉に使われます。疑問文は親しみを込めて相手の意志や意向を尋ねるときに使います。目上の人には「-(으)실래요?」の形を使います。

母音語幹　＋ㄹ래요	마시다	飲む	→	**마실래요**(?)	飲みます(か)
ㄹ語幹（ㄹ脱落）＋ㄹ래요	놀다	遊ぶ	→	**놀래요**(?)	遊びます(か)
子音語幹　＋을래요	앉다	座る	→	**앉을래요**(?)	座ります(か)

커피 마실래요?　　コーヒー飲みますか。
시험도 끝났으니까 실컷 놀래요.　　試験も終わったので思い切り遊びます。
창가 쪽에 앉을래요.　　窓側に座ります。

練習3 《보기》のように対話文を完成し、対話練習をしてみましょう。

《보기》 주말에 등산 안 가다 / 이번 주는 그냥 집에서 쉬다
가：주말에 등산 안 갈래요?　　나：이번 주는 그냥 집에서 쉴래요.

（1） 뭐 드시다 / 전 시원한 물냉면을 먹다
　　 가：　　　　　　　　나：

（2） 공항까지 어떻게 가시다 / 리무진 버스를 타고 가다
　　 가：　　　　　　　　나：

（3） 오후에 쇼핑 안 가다 / 전 일이 있어서 집에 있다
　　 가：　　　　　　　　나：

（4） 내일 같이 영화 안 보다 / 전 피곤해서 집에서 음악이나 듣다
　　 가：　　　　　　　　나：

単語ポケット（2－1）

11-8

제품	製品	간식	おやつ	그냥	ただ、何となく	공항	空港
값	値段	실컷	思い切り	시원하다	冷たい、涼しい	리무진	リムジン
품질	品質	창가 쪽	窓側	물냉면	水冷麺	-(이)나	～でも、か

復習Plus

❶ 音声を聞いて（　　　）の中に語句を書き入れてみましょう。 11-9

준　호：하루카 씨, 내일 같이 점심 (　　　　　　　　　　)?
하루카：좋아요. 리사 씨도 같이 가도 돼요?
준　호：그럼요.
하루카：점심 먹고 같이 (　　　　　　　　　　)? 리사 씨랑 (　　　　　　　　　　).
준　호：쇼핑요?
하루카：네, 모레가 수연 씨 (　　　　　　　　　　). 그래서 선물을 살 생각이에요.
준　호：선물은 뭘 살 거예요?
하루카：아직 못 정했어요. 내일 준호 씨가 같이 (　　　　　　　　　　).
준　호：네, 좋아요.

❷ （1）～（4）に合う文を、（A）～（D）の中から選んで、対話練習をしてみましょう。

（1） 왜 공항에 가요?　・　　　・（A） 오늘 친구가 한국에 놀러 오거든요.
（2） 왜 커피를 안 마셔요?　・　　　・（B） 신상품이거든요.
（3） 왜 기분이 안 좋아요?　・　　　・（C） 친구랑 싸웠거든요.
（4） 왜 그렇게 비싸요?　・　　　・（D） 커피를 마시면 잠이 안 오거든요.

❸ 次の日本語を韓国語に直してみましょう。（文末は해요体に）

（1） お腹がいっぱいで食べられません。　（-겠-を用いる）
⇨ ……………………………………

（2） 今日は疲れているのではやく寝ます。（-(으)ㄹ래요を用いる）
⇨ ……………………………………

（3） 料理もおいしいし値段も安いんですよ。だからいつもお客さんが多いです。
⇨ ……………………………………

（4） ボーイフレンドとは性格が違って結局別れました。
⇨ ……………………………………

単語ポケット（2 － 2） 11-10

그럼요	もちろんです	정하다	決める	배가 부르다	お腹がいっぱいだ	손님	お客さん
-(이)랑	～と	그렇게	そんなに	피곤하다	疲れる	결국	結局
모레	あさって	신상품	新商品	일찍	早く	헤어지다	別れる
그래서	それで	잠이 안 오다	眠れない	항상	いつも		

第12課

12-1

한국 회사에 취직하려고 해요.

韓国の会社に就職しようと思います。

会話

신지 ❶ 한국어를 공부한 지 벌써 2년이 됐어요.

하루카 ❷ 내년에는 한국어 수업이 **없잖아요**.

❸ 앞으로 어떻게 할 거예요?

신지 ❹ 저는 계속해서 한국어를 공부할 생각이에요.

하루카 ❺ 혼자서요?

❻ 저도 공부를 계속하고 싶은데 같이 스터디할까요?

신지 ❼ 정말요? 같이 하면 저야 좋지요.

❽ 하루카 씨는 **졸업한 후에** 뭐 할 거예요?

하루카 ❾ 졸업하면 한국 회사에 **취직하려고** 해요.

신지 ❿ 그래요? 저는 아직 아무것도 못 정했어요.

⓫ 하고 싶은 게 너무 많아서요.

学習ポイント

1. -(으)ㄴ 후에　～た後（に）
2. -(으)려고　～ようと（意図・計画）
3. -잖아요　～じゃないですか、～でしょう（理由や根拠の想起）

12-2

発音

❷ 없잖아요　〔업짜나요〕
❾ 취직하려고　〔취지카려고〕
❿ 못 정했어요　〔몯쩡해써요〕

語句の解説

❶ -(으)ㄴ 지	～てから、て以来 （時間の経過）	-(으)ㄹ까요?	～ましょうか（勧誘・提案） ～でしょうか（推測）
벌써	もう、すでに	❼ -(으)면	～れば（仮定・条件）
-가/이 되다	～になる（体言につく）	-(이)야	～は、はもちろん（強調） ＊저야：私はもちろん
❷ 내년	［来年］	❽ 졸업하다	［卒業］する
-잖아요	～じゃないですか、でしょう （理由や根拠の想起）	-(으)ㄴ 후에	～た後に
❸ 앞으로	これから、今後	❾ 회사	［会社］
-(으)ㄹ 거예요?	～つもりですか（意志）	취직하다	［就職］する
❹ 계속하다	続ける、［継続］する	-(으)려고 하다	～ようとする、ようと思う （意図・計画）
-(으)ㄹ 생각이다	～つもりだ（意志）	❿ 아무것도	何も（否定形を伴う）
❺ 혼자서	1人で	정하다	決める、［定－］
-요(?)	～です（か）	⓫ 게	～ことが、ものが、のが （것이の縮約形）
❻ -(으)ㄴ데	～のですが（前置き） 形容詞の語幹に接続	많다	多い
스터디하다	スタディーする、勉強する	-아/어서요	～てですね（理由）

会話の訳を完成してみましょう。

신　지：❶ 韓国語を＿＿＿＿＿＿＿＿＿＿もう2年になったんですよ。

하루카：❷ 来年は韓国語の授業が＿＿＿＿＿＿＿＿＿＿

　　　❸ これからどうするつもりですか。

신　지：❹ 私は続けて韓国語を＿＿＿＿＿＿＿＿＿＿

하루카：❺ 1人でですか。

　　　❻ 私も勉強を続けたいんですが、一緒にスタディーしましょうか。

신　지：❼ 本当ですか。一緒にできたら私はもちろん嬉しいですよ。

　　　❽ はるかさんは＿＿＿＿＿＿＿＿＿＿

하루카：❾ 卒業したら、韓国の会社に＿＿＿＿＿＿＿＿＿＿

신　지：❿ そうですか。私はまだ何も決めていません。

　　　⓫ やりたいことがとても多くてですね。

12-3

ポイント1 -(으)ㄴ 후에 ～た後（に）

動詞の語幹に接続して、ある行為が終わった後であることを表します。「후」は「뒤」や「다음」に置き換えが可能です。体言に「후」や「뒤」がつくと、「～の後」の意になります。

母音語幹 ＋ㄴ 후에	샤워하다	シャワーする	→	샤워한 후에	シャワーした後に
ㄹ語幹（ㄹ脱落）＋ㄴ 후에	풀다	解く	→	푼 후에	解いた後に
子音語幹 ＋은 후에	닦다	磨く	→	닦은 후에	磨いた後に
体言 ＋후에	수업	授業	→	수업 후에	授業の後に

샤워한 후에 화장을 합니다. シャワーした後に化粧をします。
문제를 푼 후에 답을 보세요. 問題を解いた後答えを見てください。
이를 닦은 후에 세수를 했어요. 歯を磨いた後に顔を洗いました。
수업 후에 연락할게요. 授業の後に連絡します。

一緒に覚えておきたい表現として、「- 기 전에」（～（する）前に）があります。

자다（寝る） → 자기 전에 불을 끕니다. 寝る前に明かりを消します。
늦다（遅れる） → 늦기 전에 출발합시다. 遅れる前に出発しましょう。

練習1 《보기》のように「-(으)ㄴ 후에」と指定の語尾を用いて一文にして、訳してみましょう。

《보기》 세수를 하다 / 옷을 입다 〔-아/어요〕
⇨ 세수를 한 후에 옷을 입어요. （顔を洗った後に服を着ます）

（1）밥을 먹다/이를 닦다 〔-아/어요〕
⇨ ....（　　　　　　　）
（2）손을 씻다/식사하다 〔-(으)세요〕
⇨ ....（　　　　　　　）
（3）예약을 하다/가다 〔-(으)세요〕
⇨ ....（　　　　　　　）
（4）목욕을 하다/자다 〔-았/었어요〕
⇨ ....（　　　　　　　）
（5）창문을 열다/청소를 하다 〔-았/었어요〕
⇨ ....（　　　　　　　）

単語ポケット（1－1）

12-4

뒤	後、後ろ	답	答え、回答	끄다	消す	목욕을 하다	お風呂に入る
샤워하다	シャワーする	이	歯	손	手	창문	窓
닦다	磨く	세수를 하다	顔を洗う	식사하다	食事する	열다	開ける
화장	化粧	불	火、明かり	예약	予約	청소	掃除

ポイント2 -(으)려고 ~ようと（意図・計画）

12-5

動詞の語幹に接続して、話し手の意図や計画を表します。

母音語幹	＋려고	환전하다	両替する	→	**환전하려고**	両替しようと
ㄹ語幹	＋려고	벌다	稼ぐ	→	**벌려고**	稼ごうと
子音語幹	＋으려고	입다	着る	→	**입으려고**	着ようと

환전하려고 은행에 가요. 両替しようと銀行に行きます。

돈을 벌려고 밤에도 일합니다. お金を稼ごうと夜も働いています。

면접 때 입으려고 정장을 샀어요. 面接の時着ようとスーツを買いました。

一緒に覚えておきたい表現として、「-(으)려고 하다」（~ようと思う/する）があります。

사다（買う） → 어떤 가방을 사려고 해요? どんなカバンを買おうと思いますか。

만들다（作る） → 생일 케이크를 만들려고 합니다. 誕生日ケーキを作ろうと思います。

찾다（おろす） → 은행에 가서 돈을 찾으려고 해요. 銀行に行ってお金をおろそうと思います。

練習2 《보기》のように答えを書き入れて、対話練習をしてみましょう。

《보기》 가：월급을 받으면 뭐 할 거예요? （여행을 가다）
나：여행을 가려고 해요.

（1） 가：졸업하면 뭐 할 거예요? （한국 회사에 취직하다）
나：

（2） 가：겨울방학이 되면 뭐 할 거예요? （스키캠프에 참가하다）
나：

（3） 가：수업이 끝나면 뭐 할 거예요? （친구들이랑 노래방에 가다）
나：

（4） 가：첫눈이 오면 뭐 할 거예요? （눈사람을 만들다）
나：

（5） 가：진달래꽃이 피면 뭐 할 거예요? （꽃구경을 하면서 사진을 찍다）
나：

単語ポケット（1－2）

12-6

환전하다	両替する	돈을 찾다	お金をおろす	여행을 가다	旅行に行く	눈사람	雪だるま
벌다	稼ぐ	월급	給料	스키캠프	スキーキャンプ	진달래꽃	山つつじの花
면접	面接	받다	もらう、受けとる	참가하다	参加する	꽃구경	花見
정장	スーツ						

12-7

ポイント3 -잖아요　～じゃないですか、～でしょう（理由や根拠の想起）

聞き手がすでに知っていると思われる理由を言うときや、忘れてしまったことを思い出させようとするときに使う表現です。過去時制の場合は「-았/었잖아요」（～たじゃないですか）になります。また指定詞は「-(이)잖아요」になります。

語幹 ＋ 잖아요					
	춥다	寒い	→	**춥잖아요**	寒いじゃないですか
	먹었다	食べた	→	**먹었잖아요**	食べたじゃないですか
	시험이다	試験だ	→	**시험이잖아요**	試験じゃないですか

가：왜 그렇게 옷을 많이 입었어요?
　どうしてそんなに服をたくさん着こんでいるんですか。
나：날씨가 춥잖아요.
　寒いじゃないですか。

가：왜 밥을 안 먹어요?
　どうしてご飯を食べないんですか。
나：아까 많이 먹었잖아요.
　さっきたくさん食べたじゃないですか。

가：오후에도 도서관에 갑니까?
　午後も図書館に行きますか。
나：내일이 한국어 시험이잖아요.
　明日が韓国語の試験じゃないですか。

練習3 《보기》のように答えを書き入れて、対話練習をしてみましょう。

《보기》　가：또 지각했네요.　(우리 집이 멀다)
　　　　　나：우리 집이 멀잖아요.

（1）가：왜 저 배우를 좋아해요?　(키도 크고 멋있다)
　　 나：……………………………

（2）가：왜 그 휴대폰을 샀어요?　(싸고 성능이 좋다)
　　 나：……………………………

（3）가：땀을 많이 흘리네요.　(오늘 날씨가 덥다)
　　 나：……………………………

（4）가：준호 씨는 언제 한국에 돌아가요?　(지난주에 돌아갔다)
　　 나：……………………………

（5）가：이번 학기 개강이 언제지요?　(다음 주 월요일이다)
　　 나：……………………………

単語ポケット（2－1）

12-8

아까	さっき	흘리다	流す	사용하다	使用する、使う	순서	順序、順番
또	また	돌아가다	帰る	뽑다	選ぶ、引く（規則活用）	나가다	出ていく
성능	性能	개강	開講	그치다	（雨）止む	물건	物、品物
땀	汗	월요일	月曜日	번호표	番号札	제자리	元の場所

復習Plus

❶《보기》のように［　］の中から適切な単語を選び「-(으)ㄴ 후에」をつけて、訳してみましょう。

~~이를 닦다~~	사용하다	뽑다	그치다

《보기》 이를 닦은 후에 세수를 했어요. ⇨ 歯を磨いた後に顔を洗いました

（1）번호표를 ＿＿＿＿＿＿ 순서를 기다리세요.

⇨ ＿＿＿＿＿＿

（2）비가 ＿＿＿＿＿＿ 나가려고 해요.

⇨ ＿＿＿＿＿＿

（3）물건을 ＿＿＿＿＿＿ 제자리에 놓아두세요.

⇨ ＿＿＿＿＿＿

❷《보기》のように［　］の中から適切な単語を選び「- 기 전에」をつけて、訳してみましょう。

~~수영을 하다~~	열다	마시다	들어오다

《보기》 수영을 하기 전에 반드시 준비운동을 하세요.

⇨ 水泳をする前に必ず準備運動をしてください

（1）방에 ＿＿＿＿＿＿ 꼭 노크해 주세요.

⇨ ＿＿＿＿＿＿

（2）파일을 ＿＿＿＿＿＿ 바이러스 검사를 하세요.

⇨ ＿＿＿＿＿＿

（3）주스를 ＿＿＿＿＿＿ 잘 흔들어 주세요.

⇨ ＿＿＿＿＿＿

❸ 次の日本語を韓国語に直してみましょう。

（1）私が昨日話したじゃないですか。

⇨ ＿＿＿＿＿＿

（2）大学を卒業した後に留学に行こうと思います。

⇨ ＿＿＿＿＿＿

（3）公務員になろうと試験準備をしています。

⇨ ＿＿＿＿＿＿

（4）日が暮れる前に家に帰ろうと思います。

⇨ ＿＿＿＿＿＿

単語ポケット（2 − 2）

12-9

놓아두다	置いておく	준비	準備	검사	検査	대학	大学
수영	水泳	노크	ノック	주스	ジュース	유학을 가다	留学に行く
들어오다	入ってくる	파일	ファイル	흔들다	振る	공무원	公務員
반드시	必ず	바이러스	ウィルス	말하다	言う、話す	날이 저물다	日が暮れる

13-1

第13課

가방을 찾을 수 있을까요?

カバンが見つかるでしょうか。

◆会話◆

❶ (유실물 센터에서)

하루카 ❷ 가방을 잃어버렸어요.

직원 ❸ 언제 어디서 잃어버리셨어요?

하루카 ❹ 조금 전에 콘서트홀에서요.

직원 ❺ 가방은 무슨 색깔이에요?

하루카 ❻ **까만색**인데 **빨간색** 하트 모양이 그려져 있어요.

❼ 그리고 가방 안에 여권하고 지갑이 들어 있어요.

직원 ❽ 이 서류에 분실물 내용과 연락처를 적어 주세요.

하루카 ❾ 내일 일본에 **돌아가야 되는데 찾을 수 있을까요**?

직원 ❿ 너무 걱정하지 마세요.

⓫ 찾을 수 있을 거예요.

学習ポイント

1. ㅎ〔히읗〕不規則活用
2. -(으)ㄹ 수 있다/없다
   ～ことができる/できない（可能/不可能）
3. -아/어야 되다
   ～なければならない（義務・必要）

13-2

発音

❼ 여권하고	〔여꿔나고〕
❾ 찾을 수 있을까요?	〔차즐쑤이쓸까요〕
❿ 걱정하지	〔걱쩡하지〕
⓫ 찾을 수 있을 거예요	〔차즐쑤이쓸꺼에요〕

語句の解説

❶ 유실물 센터	[遺失物] センター	❼ 그리고	そして
❷ 잃어버리다	なくしてしまう、なくす	여권	[旅券]、パスポート
❸ 직원	[職員]	지갑	財布〈紙匣〉
-(으)셨어요?	～(ら) れましたか	들어 있다	入っている
❹ 전	[前]、先	❽ 서류	[書類]
콘서트홀	コンサートホール	분실물	[紛失物]
❺ 무슨	どんな、何の	내용	[内容]
색깔	色〈色ー〉	연락처	[連絡] 先〈連絡処〉
❻ 까맣다	黒い (ㅎ不規則)	적다	書く、書き込む
색	[色]	❾ 돌아가다	帰る、戻る
까만색	黒 [色]	-아/어야 되다	～なければならない (義務・必要)
빨갛다	赤い (ㅎ不規則)	찾다	見つける、取り戻す、探す
빨간색	赤 [色]	-(으)ㄹ 수 있다	～ことができる (可能) ＊찾을 수 있다：見つけることができる、見つかる
하트	ハート	❿ 걱정하다	心配する
모양	[模様]、柄	⓫ -(으)ㄹ 거예요	～つもりです(意志) ～でしょう、と思います (推測)
그려지다	描かれる		

会話の訳を完成してみましょう。

❶ (遺失物センターで)

하루카：❷ カバンをなくしてしまいました。

직　원：❸

하루카：❹ さきほどコンサートホールでです。

직　원：❺ カバンは何色ですか。

하루카：❻

❼ そしてカバンの中に旅券と財布が

직　원：❽ この書類に紛失物の内容と連絡先を書いてください。

하루카：❾ 明日、日本に

직　원：❿ あまり心配しないでください。

⓫

13-3

ポイント1　ㅎ〔히읗〕 不規則活用

語幹末が「ㅎ」で終わる形容詞は、母音「-으、-아/어」で始まる語尾がつくと、不規則活用をします。

（1）「-으」で始まる語尾が接続する場合

語幹末の「ㅎ」と語尾の「으」が同時に脱落する。

【-(으)ㄴ（連体形）】

・파랗다（青い）　：파랗 + 은　⇨　파라 + ㄴ　⇨　**파란**（青い～）

・어떻다（どうだ）：어떻 + 은　⇨　어떠 + ㄴ　⇨　**어떤**（どんな～）

・하얗다（白い）　：하얗 + 은　⇨　하야 + ㄴ　⇨　**하얀**（白い～）

파란색 선이 지하철 4호선입니다.　青い色の線が地下鉄4号線です。

어떤 옷을 샀어요?　どんな服を買いましたか。

하얀 모자를 샀습니다.　白い帽子を買いました。

（2）「-아/어」で始まる語尾が接続する場合

① 語幹末の「ㅎ」と語尾の「아/어」が同時に脱落する。
② 語幹末に「ㅣ」がつけ加わり、
語幹末の「ㅏ」、「ㅓ」は「ㅐ」に、「ㅑ」は「ㅒ」になる。

【-아/어요（～ます、です）】

・파랗다（青い）　：파랗 + 아요　⇨　파라 + ㅣ요　⇨　**파래요**（青いです）

・어떻다（どうだ）：어떻 + 어요?　⇨　어떠 + ㅣ요　⇨　**어때요?**（どうですか）

・하얗다（白い）　：하얗 + 아요　⇨　하야 + ㅣ요　⇨　**하얘요**（白いです）

하늘이 파래요.　空が青いです。

오늘은 약속이 있어요. 내일은 어때요?　今日は約束があります。明日はどうですか。

눈이 와서 세상이 다 하얘요.　雪が降ってあたり一面まっ白です。

「**좋다**：良い」「**놓다**：置く」「**넣다**：入れる」などは規則的に活用しますので注意しましょう。

날씨가 좋아서 공원에 산책을 갔어요.　天気が良いので公園に散歩に行きました。

単語ポケット（1 － 1）

13-4

파랗다	青い	파란색	青色	사 호선	4号線	놓다	置く
어떻다	どうだ	선	線	모자	帽子	넣다	入れる
하얗다	白い	지하철	地下鉄	하늘	空	빨갛다	赤い
색	色	-호선	～号線	세상	世、世の中	노랗다	黄色い

練習1－1 次の用言に各語尾を接続してみましょう。

	基本形	－(으)ㄴ 連体形	－(으)면 ～れば、たら	－아/어요 ～ます、です	－아/어서 ～て、ので、から
ㅎ不規則	① 파랗다　青い				
	② 빨갛다　赤い				
	③ 노랗다　黄色い				
	④ 까맣다　黒い				
	⑤ 그렇다　そうだ				
	⑥ 어떻다　どうだ			?	
	⑦ 하얗다　白い				
規則	⑧ 좋다　良い				
	⑨ 놓다　置く				
	⑩ 넣다　入れる				

練習1－2 《보기》のように〔　　　〕の語尾を用いて文を完成してみましょう。

《보기》 어제 까만 〔-(으)ㄴ〕 구두를 샀어요. (까맣다)

（1） ＿＿＿＿〔-(으)ㄴ〕 원피스를 입고 있는 사람이 수연 씨예요. (하얗다)

（2） 너무 부끄러워서 얼굴이 ＿＿＿＿＿＿＿＿〔-아/어졌어요〕(빨갛다)

（3） 지난번에 본 영화는 ＿＿＿＿＿＿＿＿〔-았/었어요?〕(어떻다)

（4） 커피가 너무 써요. 설탕을 좀 ＿＿＿＿＿＿＿＿〔-아/어 주세요〕(넣다)

ポイント2 -(으)ㄹ 수 있다/없다　～ことができる/できない（可能/不可能）

13-5

動詞の語幹に接続して、可能と不可能を表します。助詞の「-가」をつけて「-(으)ㄹ 수가 있다/없다」になると、より意味が強調されます。また助詞の「-는」や「-도」をつけて「-(으)ㄹ 수는（도）있다/없다」（～することは（も）できる/できない）の形で、限定や追加の意味もつけ加えることができます。

母音語幹　＋ㄹ 수 있다/없다	외우다 → 외울 수 있다/없다	覚える　覚えることができる/できない
ㄹ語幹（ㄹ脱落）＋ㄹ 수 있다/없다	놀다 → 놀 수 있다/없다	遊ぶ　遊ぶことができる/できない
子音語幹　＋을 수 있다/없다	먹다 → 먹을 수 있다/없다	食べる　食べることができる/できない

単語ポケット（1－2）

13-6

까맣다	黒い	원피스	ワンピース	얼굴	顔	설탕	砂糖
그렇다	そうだ	부끄럽다	恥ずかしい	쓰다	苦い	외우다	覚える

어떻게 하면 단어를 쉽게 외울 수 있어요?　どうすれば単語を簡単に覚えられますか。
추워서 밖에서 놀 수가 없어요.　寒くて外で遊ぶことができません。
너무 매워서 먹을 수가 없습니다.　とても辛くて食べることができません。

練習2 《보기》のように質問と自分の答えを書き入れ、対話練習をしてみましょう。

《보기》 혼자서 여행하다
가 : 혼자서 여행할 수 있어요?　나 : 네(아뇨), 여행할 수 있어요(없어요).

（1） 인터넷 루머를 믿다
가 : ……　나 : ……

（2） 말을 타다
가 : ……　나 : ……

（3） 수영을 하다
가 : ……　나 : ……

（4） 한국어로 댓글을 달다
가 : ……　나 : ……

13-7

ポイント3 -아/어야 되다 ～なければならない（義務・必要）

用言の語幹に接続して、義務、必要、当為を表します。日本語の「～なければならない」に該当します。「되다」の代わりに「하다」を使うことも可能です。

陽母音語幹 ＋아야 되다	갈아타다 乗り換える	→	갈아**타야 되다** 乗り換えなければならない
陰母音語幹 ＋어야 되다	지키다 守る	→	지**켜야 되다** 守らなければならない
하다用言 →해야 되다	도착하다 到着する	→	도착**해야 되다** 到着しなければならない

몇 호선으로 갈아타야 돼요(해요)?　何号線に乗り換えなければなりませんか。
교통 규칙을 지켜야 됩니다(합니다).　交通規則を守らなければなりません。
오후 1시까지 도착해야 돼요(해요).　午後1時までに到着しなければなりません。

単語ポケット（2 － 1）

13-8

쉽게	簡単に	댓글을 달다	（ネットの）コメントをつける	몇 호선	何号線	조용히 하다	静かにする
루머	うわさ	갈아타다	乗り換える	-(으)로	～に（選択）	정류장	停留場
믿다	信じる	지키다	守る	규칙	規則	새치기	割り込み
말	馬			떠들다	騒ぐ	차례	順番

練習3 《보기》のように禁止と義務の表現を作ってみましょう。

> 《보기》　도서관/떠들다/조용히 하다
> ⇨ 도서관에서는 떠들면 안 돼요. 조용히 해야 돼요.

（1） 버스 정류장 / 새치기를 하다 / 차례를 기다리다
⇨ 버스 정류장에서는

（2） 비행기 / 뛰어다니다 / 자리에 앉아 있다
⇨ 비행기에서는

（3） 공연장 / 늦다 / 10분 전에 입장하다
⇨ 공연장에는

（4） 수능시험 때 / 휴대폰을 가져가다 / 집에 두고 가다
⇨ 수능시험 때는

復習Plus

❶ 音声を聞いて（　　　）の中に語句を書き入れて、ペアで会話練習をしてみましょう。 13-9

> 하루카：실례합니다. 여기서 명동역까지 어떻게 (　　　　　　　　)?
> 역무원：서울역에서 내려서 지하철 4호선으로 (　　　　　　　　).
> 하루카：4호선요?
> （ソウルの地下鉄路線図を見ながら）
> 역무원：네, 여기 (　　　　　　) 색 선이 4호선이에요.
> 지금 출발하면 20분 뒤에 (　　　　　　　　　　).
> 하루카：고맙습니다.

❷ 次の日本語を韓国語に直してみましょう。（文末は해요体に）

（1） 明日は何時までに来ることができますか。
⇨

（2） 運転する時は交通規則を守らなければなりません。
⇨

（3） 東大門市場で黄色のTシャツを1枚買いました。
⇨

（4） 空は青く、雲は白いです。
⇨

単語ポケット（2－2） 13-10

비행기	飛行機	전	前	가져가다	持っていく	동대문시장	東大門市場
뛰어다니다	走りまわる	입장하다	入場する	두고 가다	置いていく	티셔츠	Tシャツ
자리	席	수능시험	修学能力試験 （韓国の大学入試共通試験）	실례하다	失礼する	-장	～枚
공연장	公演場			역무원	駅員	구름	雲

不規則活用のまとめ

◆ 空欄に適切な活用形を書き入れてみましょう。

基本形			-(으)니까 ~て、から、ので	-(으)ㄴ 動詞の過去連体形 形容詞の現在連体形	-아/어요 ~ます、です	-았/었어요 ~ました ~かったです
ㄹ脱落	살다	住む				
	놀다	遊ぶ				
	만들다	作る				
으不規則	나쁘다	悪い				
	슬프다	悲しい				
	쓰다	書く、使う				
르不規則	다르다	違う				
	빠르다	早い、速い				
	부르다	歌う、呼ぶ				
ㅂ不規則	어둡다	暗い				
	덥다	暑い				
	곱다	きれいだ				
	돕다	手伝う				
ㄷ不規則	걷다	歩く				
	묻다	尋ねる				
	듣다	聞く				
ㅅ不規則	낫다	治る、 優れている				
	붓다	注ぐ、腫れる				
	짓다	作る、つける				
ㅎ不規則	빨갛다	赤い				
	하얗다	白い				
	그렇다	そうだ				

みんなでBINGOゲーム（2）

不規則活用を練習しましょう

下記の 12−25番 の用言を、1−11番のように「−아/어서」を接続して【ビンゴカード】の空欄に自由に書き入れてビンゴゲームをしてみましょう。

1 모으다 集める	2 끄다 消す	3 기르다 育てる	4 가깝다 近い	5 덥다 暑い
6 곱다 きれいだ	7 걷다 歩く	8 듣다 聞く、聴く	9 낫다 治る、優れている	10 그렇다 そうだ
11 하얗다 白い	12 바쁘다 忙しい	13 크다 大きい	14 모르다 知らない	15 자르다 切る
16 춥다 寒い	17 맵다 辛い	18 무겁다 重い	a19 돕다 助ける	20 묻다 尋ねる
21 알아듣다 理解する	22 잇다 結ぶ、つなぐ	23 붓다 注ぐ、腫れる	24 파랗다 青い	25 까맣다 黒い

✓マスの番号と日本語訳を書き入れてください。

ビンゴカード

BINGO

1 모아서 集めて		10 그래서 そうして、それで		
			2 꺼서 消して	6 고와서 きれいで
	8 들어서 聞いて、聴いて	5 더워서 暑くて		3 길러서 育てて
7 걸어서 歩いて			4 가까워서 近くて	
9 나아서 治って				11 하얘서 白くて

第14課

14-1

지금 뉴욕에 가 있다고 해요.

現在ニューヨークに行っているそうです。

会話

수연 ❶ 정현 선배 소식 들었어요?

신지 ❷ 아니요, 아무 소식도 못 들었는데요.

수연 ❸ 미국 회사에 취직해서 지금 뉴욕에 **가 있다고 해요**.

신지 ❹ 그래요? 미국에 **가고 싶어했는데** 잘됐네요.

❺ 저도 외국계 회사에 관심이 있는데 들어가기 어렵겠죠?

수연 ❻ 내년 봄에 해외 인턴십 참가자를 **모집한다고 해요**.

❼ 한번 도전해 보세요.

신지 ❽ 좋은 정보 주셔서 고마워요.

수연 ❾ 참! 준호 씨가 일본에 교환 유학생으로 **가게 되었다고 해요**.

신지 ❿ 수연 씨는 모르는 게 없네요.

⓫ 우리 학교 소식통이에요.

学習ポイント

1. 間接引用(間接話法)
   〜(だ)そうだ、〜(だ)という
2. -게 되다
   〜ように(ことに)なる(帰結)
3. -고 싶어하다
   〜たがる(第3者の希望)

14-2

発音

❷ 못 들었는데요	〔몯뜨런는데요〕
❹ 가고 싶어했는데	〔가고시퍼핸는데〕
❺ 외국계	〔외국께〕
❿ 없네요	〔엄네요〕

語句の解説

❶ 선배	[先輩]	❻ 봄	春
소식	[消息]、うわさ、便り	해외	[海外]
듣다	聞く(ㄷ不規則、9課)	인턴십	インターンシップ
❷ 아무	何の〜、どんな〜 (否定文とともに使われる)	참가자	[参加者]
❸ 미국	アメリカ〈美国〉	모집하다	[募集]する
취직하다	[就職]する	-ㄴ/는다고 하다	〜だそうだ(動詞の間接引用)
뉴욕	ニューヨーク	❼ 도전하다	[挑戦]する
-다고 하다	〜だそうだ (存在詞の間接引用)	❽ 정보	[情報]
❹ -고 싶어하다	〜たがる(第3者の希望)	❾ 참	そういえば、あ!、そうだ
❺ 외국계	[外国系]、外資系	교환 유학생	[交換留学生]
관심	[関心]、興味	-(으)로	〜として、で(資格)
들어가다	入る	-게 되다	〜ように(ことに)なる(帰結)
-기 어렵다	〜のが難しい(6課)	-았/었다고 하다	〜たそうだ(過去形の間接引用)
-겠죠	〜でしょう(ね)	⓫ 소식통	[消息通]情報通、消息筋

会話の訳を完成してみましょう。

수 연: ❶ チョンヒョン先輩のうわさ聞きましたか。

신 지: ❷ いいえ、何のうわさも聞いてませんが。

수 연: ❸ アメリカの会社に就職して現在

신 지: ❹ そうなんですか。

❺ 私も外資系の会社に興味があるんですが、入るのが難しいんでしょうね。

수 연: ❻ 来年の春に海外のインターンシップ参加者を

❼ 一度挑戦してみてください。

신 지: ❽ 役に立つ情報をくださってありがとうございます。

수 연: ❾ あ!そうだ。チュノさんが日本に

신 지: ❿ スヨンさんは知らないことがないんですね。

⓫ うちの学校の情報通ですね。

14-3

ポイント1 間接引用（間接話法） ～（だ）そうだ、～（だ）という

間接引用（間接話法）とは、誰かの言葉や文章、情報などを話し手の表現に変えて間接的に伝える方法です。品詞によってそれぞれ使う形が違いますので、注意しましょう。ただし、過去（-았/었）、意志・推測（-겠）の後は品詞に関係なく「-다고 하다」をつけます。

【動詞】 -ㄴ/는다고 하다	母音語幹	+ ㄴ다고 하다
	ㄹ語幹（ㄹ脱落）	+ ㄴ다고 하다
	子音語幹	+ 는다고 하다
【存在詞/形容詞/過去：-았(었)/意志・推測：-겠】 -다고 하다	語幹/-았(었)/-겠	+ 다고 하다
【指定詞】 -(이)라고 하다	母音体言	+ 라고 하다
	子音体言	+ 이라고 하다

결혼식을 올리다	結婚式を挙げる	→	결혼식을 올린**다고 하다**	結婚式を挙げるそうだ
마음에 들다	気に入る	→	마음에 든**다고 하다**	気に入っているそうだ
잊다	忘れる	→	못 잊**는다고 하다**	忘れられないそうだ
있다	いる	→	있**다고 하다**	いるそうだ
깊다	深い	→	깊**다고 하다**	深いそうだ
떨어졌다	落ちた	→	떨어졌**다고 하다**	落ちたそうだ
가겠다	行くつもりだ	→	가겠**다고 하다**	行くつもりだそうだ
고향	故郷	→	고향**이라고 하다**	故郷だそうだ

가을에 결혼식을 올린다고 합니다.　秋に結婚式を挙げるそうです。
새 직장이 마음에 든다고 해요.　新しい職場が気に入っているそうです。

単語ポケット（1－1）

14-4

결혼식	結婚式	잊다	忘れる	고향	故郷	새	新、新しい～
올리다	挙げる、上げる	깊다	深い	가을	秋	직장	職場
마음에 들다	気にいる	떨어지다	落ちる				

첫사랑을 못 잊는다고 했어요.	初恋を忘れられないと言いました。
어디에 있다고 합니까?	どこにいるそうですか。
이 강은 굉장히 깊다고 해요.	この川はすごく深いそうです。
계단에서 떨어졌다고 합니다.	階段から落ちたそうです。
언제 가겠다고 합니까?	いつ行く（つもりだ）と言っていますか。
서울이 고향이라고 했습니다.	ソウルが故郷だと言いました。

練習1-1 間接引用に書き換えてみましょう。

動詞		-ㄴ/는다고 합니다	-ㄴ/는다고 해요
① 숨기다	隠す		
② 살다	住む		
③ 숨다	隠れる		
存在詞/形容詞/過去形/意志・推測		-다고 합니다	-다고 해요
④ 자신이 있다	自信がある		
⑤ 약하다	弱い		
⑥ 갔다	行った		
⑦ 춥겠다	寒いだろう		
体言		-(이)라고 합니다	-(이)라고 해요
⑧ 다음 날	次の日、翌日		
⑨ 다음 해	翌年		

レベルアップのために下記の①〜③にも目を通しておきましょう。

① 否定形「-지 않다」（〜ない）の間接引用

動詞の否定なら「-는다고 하다」を、形容詞の否定なら「-다고 하다」をつけます。

가지 않다　行かない　→ 가지 않**는다고 합니다.**　行かないそうです。

강하지 않다　強くない　→ 강하지 않**다고 해요.**　強くないそうです。

② 希望「-고 싶다」（〜たい）の間接引用

形容詞扱いなので「-다고 하다」をつけます。

달리고 싶다 走りたい　→ 달리고 싶**다고 했어요.**　走りたいと言いました。

③ 意志・推測「-(으)ㄹ 것이다(거다)」（〜つもりだ、〜だろう）の間接引用

「것(거)」は体言なので「-이라고 하다(라고 하다)」をつけます。

비가 올 것이다　雨が降るだろう　→ 비가 올 것**이라고 해요.**　雨が降るだろうと言います。
(비가 올 거다)　　(비가 올 거**라고 해요**)

単語ポケット（1－2）

14-5

첫사랑	初恋	계단	階段	자신	自信	다음 해	翌年
강	川	숨기다	隠す	약하다	弱い	강하다	強い
굉장히	すごく	숨다	隠れる	다음 날	翌日	달리다	走る

練習1-2 유코さんと승우さんの話を❶、❷のように間接引用に変えてみましょう。

（1）유코 씨는 뭐라고 합니까?　（ゆうこさんは何と言いますか）

안녕하세요? 다무라 유코입니다.

① 일본 사람이에요.

② 한국에서 한국어를 공부해요.

③ 제 꿈은 통역사가 되는 거예요.

④ 공부는 열심히 하는데 아직도 발음이 안 좋아요.

⑤ 그래서 녹음하면서 큰 소리로 교과서를 읽어요.

⑥ 조금씩 발음이 좋아지는 것을 느낍니다.

⑦ 앞으로도 한국어를 열심히 공부하겠습니다.

유코 씨는

❶ 일본 사람**이라고 해요.**

❷ 한국에서 한국어를 **공부한다고 해요.**

③ 꿈은 통역사가 되는 거 ……………………

④ 공부는 열심히 하는데 아직도 발음이 ……………………

⑤ 그래서 녹음하면서 큰 소리로 교과서를 ……………………

⑥ 조금씩 발음이 좋아지는 것을 ……………………

⑦ 앞으로도 한국어를 열심히 ……………………

（2）승우 씨는 뭐라고 해요?　（スンウさんは何と言いますか）

안녕하세요? 한승우입니다.

① 한국 사람이에요.

② 지금 일본에서 음악 밴드 활동을 하고 있어요.

③ 이전에는 인기가 없었어요.

④ 하지만 최근에는 팬도 생겼어요.

⑤ 내년에는 팬미팅도 개최해 보고 싶습니다.

⑥ 앞으로도 열심히 노력하겠습니다.

単語ポケット（2－1）

14-6

꿈	夢	녹음하다	録音する	밴드	バンド	팬	ファン
통역사	通訳者	소리	声、音	활동	活動	생기다	できる、生じる
아직도	いまだに	느끼다	感じる	이전	以前	팬미팅	ファンミーテング
발음	発音	앞으로도	これからも	최근	最近	개최하다	開催する

승우 씨는

① 한국 사람 ……………………………………

② 지금 일본에서 음악 밴드 활동을 ……………………………………

③ 이전에는 인기가 ……………………………………

④ 하지만 최근에는 팬도 ……………………………………

⑤ 내년에는 팬미팅도 ……………………………………

⑥ 앞으로도 열심히 ……………………………………

ポイント2　–게 되다　～ように（ことに）なる（帰結）

14-7

語幹に接続して変化の結果を表します。

語幹 + 게 되다	결혼하다　結婚する	→	결혼하**게 되다**	結婚することになる
	살다　暮らす	→	살**게 되다**	暮らすことになる
	못 가다　行けない	→	못 가**게 되다**	行けなくなる

친구 소개로 결혼하게 됐습니다.　友達の紹介で結婚することになりました。

내년부터 서울에서 살게 됐어요.　来年からソウルで暮らすことになりました。

급한 일이 생겨서 여행을 못 가게 됐어요.　急用ができて旅行に行けなくなりました。

練習2 《보기》のように「- 아/어서」と「-게 되다」を用いて、一文にしてみましょう。

《보기》 1년 전에 결혼하다 / 같이 살다
⇨ 1년 전에 결혼해서 같이 살게 됐어요.

（1）오해가 생기다 / 싸우다
⇨ ……………………………………

（2）태풍이 오다 / 여행을 못 가다
⇨ ……………………………………

（3）눈이 나빠지다 / 안경을 쓰다
⇨ ……………………………………

（4）열심히 공부하다 / 장학금을 받다
⇨ ……………………………………

（5）서로 마음이 통하다 / 사귀다
⇨ ……………………………………

単語ポケット（2 － 2）

14-8

노력하다	努力する	오해	誤解	안경을 쓰다	眼鏡をかける	마음이 통하다	心が通じる
소개	紹介	싸우다	喧嘩する	장학금	奨学金		
급하다	急いでいる	태풍	台風	받다	もらう、受け取る	사귀다	付き合う
급한 일	急用	눈	目	서로	互いに		

14-9

ポイント3　-고 싶어하다　～たがる（第3者の希望）

第3者の希望を表します。話し手の希望は「-고 싶다」（～たい）です。

語幹 + 고 싶어하다	여행을 하다 旅行をする	→	여행을 하**고 싶어하다** 旅行をしたがる
	놀다 遊ぶ	→	놀**고 싶어하다** 遊びたがる
	되다 なる	→	되**고 싶어하다** なりたがる

누나는 여행을 하고 싶어합니다.　　姉は旅行をしたがっています。

여동생은 놀이공원에서 놀고 싶어해요.　　妹は遊園地で遊びたがっています。

남동생은 가수가 되고 싶어해요.　　弟は歌手になりたがっています。

練習3《보기》のように答えと訳を書き入れて、対話練習をしてみましょう。

《보기》 가：여동생은 뭘 하고 싶어해요?　　(불꽃축제에 가다)
나：불꽃축제에 가고 싶어해요.　　(花火大会に行きたがっています)

(1) 가：친구는 뭘 하고 싶어해요?　　(번지 점프를 하다)
나：
(　　　　)

(2) 가：남동생은 뭘 하고 싶어해요?　　(낮잠을 자다)
나：
(　　　　)

(3) 가：누나는 뭘 하고 싶어해요?　　(피아노를 치다)
나：
(　　　　)

(4) 가：여동생은 뭘 하고 싶어해요?　　(주말 연속극을 보다)
나：
(　　　　)

(5) 가：남편은 뭘 하고 싶어해요?　　(낚시를 가다)
나：
(　　　　)

単語ポケット（3－1）

14-10

놀이공원	遊園地	피아노를 치다	ピアノを弾く	낚시를 가다	釣りに行く
불꽃축제	花火大会	연속극	連続ドラマ	가끔	たまに
번지 점프	バンジージャンプ	남편	夫	입원하다	入院する
낮잠을 자다	昼寝をする	낚시	釣り	스키를 타다	スキーをする

復習Plus

間接引用の縮約形

「-다고 합니다/해요」と「-라고 합니다/해요」から「**고 하**」をとってつなげると、縮約形の「**-답니다/대요**」と「**-랍니다/래요**」になります。

- ·간다고 합니다 → 간답니다　　·읽는다고 해요 → 읽는대요
- ·크다고 합니다 → 크답니다　　·있다고 해요 → 있대요
- ·내일이라고 합니다 → 내일이랍니다　　·어제라고 해요 → 어제래요

❶《보기》のように、各文を해요体の間接引用の非縮約形と縮約形両方に直してみましょう。

《보기》 가끔 여행을 해요. ⇨ 가끔 여행을 한다고 해요. / 한대요.

（1） 주말에 사진을 찍어요. ⇨ 주말에 사진을 ……………

（2） 어제 이사했어요. ⇨ 어제 ……………

（3） 방이 너무 더워요. ⇨ 방이 너무 ……………

（4） 오늘이 생일이에요. ⇨ 오늘이 ……………

（5） 내일은 집에서 쉴 거예요. ⇨ 내일은 집에서 ……………

❷ 次の日本語を韓国語に直してみましょう。

（1） 友達が病院に入院することになりました。

⇨ ……………

（2） 昨日スキーをしていて（している途中で）足を怪我したと言いました。

⇨ ……………

（3） 私は小犬を飼いたいですが、弟は猫を飼いたがっています。

⇨ ……………

（4） 咳がひどくて今日の会議には参加できないそうです。

⇨ ……………

単語ポケット（3 － 2）

14-11

다리	足	심하다	ひどい	바로	すぐ	장학금	奨学金
다치다	怪我する	회의	会議	술	酒	끊다	切る
기르다	育てる、飼う	참가하다	参加する	얼굴	顔	지난 주말	先週末
기침	咳	유행	流行	성적	成績	아주	とても

総合練習（2）

1 《보기》のように与えられた単語に〔　　〕の語尾を接続し、適切な文にしてみましょう。

> 《보기》 배가 아파서〔-아/어서〕병원에 갔어요.（아프다）

（1）핸드폰 좀 ＿＿＿＿＿＿＿＿〔-아/어도 돼요?〕（쓰다）

（2）오빠와 저는 성격이 ＿＿＿＿＿＿＿＿〔-아/어서〕 자주 싸워요.（다르다）

（3）어제 노래방에 가서 한국 노래를 ＿＿＿＿＿＿＿＿〔-았/었어요〕（부르다）

（4）방이 ＿＿＿＿＿＿＿＿〔-(으)ㄴ데〕 불 좀 켜 주시겠어요?（어둡다）

（5）이것 좀 ＿＿＿＿＿＿＿＿〔-아/어주실래요?〕（돕다）

（6）면접 때 ＿＿＿＿＿＿＿＿〔-(으)려고〕 정장을 샀어요.（입다）

（7）어제 많이 ＿＿＿＿＿＿＿＿〔-아/어서〕 다리가 아파요.（걷다）

（8）제 이름은 할아버지가 ＿＿＿＿＿＿＿＿〔-(으)셨어요〕（짓다）

（9）감기 다 ＿＿＿＿＿＿＿＿〔-았/었어요?〕（낫다）

（10）요즘은 ＿＿＿＿＿＿＿＿〔-(으)ㄴ〕 옷이 유행이에요?（어떻다）

2 ［　　］の中から適切な表現を選んで、日本語訳と同じ意味になるよう文を完成させましょう。
（文末は해요体に）

> -아/어도 되다　-아/어지다　-고 싶어하다　-(으)ㄹ 수 있다　-게 되다

（1）좀 추운데 창문을 ＿＿＿＿＿＿＿＿（닫다）
（少し寒いんですが窓を閉めてもいいですか）

（2）언니는 대학교를 졸업하면 바로 ＿＿＿＿＿＿＿＿（결혼하다）
（姉は大学を卒業したらすぐ結婚したがっています）

（3）술을 마셔서 얼굴이 ＿＿＿＿＿＿＿＿（빨갛다）
（お酒を飲んだので顔が赤くなりました）

（4）성적이 좋으면 장학금을 ＿＿＿＿＿＿＿＿（받다）
（成績がよければ奨学金をもらえます）

（5）급한 일이 생겨서 여행을 못 ＿＿＿＿＿＿＿＿（가다）
（急用ができて旅行に行けなくなりました）

3 ［　　］の中から適切な語尾を選んで、文を完成させましょう。（重複選択可）

-다가　　-(으)면서　　-지 말고　　-는데　　-(으)ㄴ 지　　-(으)ㄴ 후에

（1）여동생은 매운 음식을 ______________ 남동생은 싫어해요.（좋아하다）

（2）서울에 ______________ 부산으로 이사를 했어요.（살다）

（3）전화를 ______________ 잠깐 기다리세요.（끊다）

（4）음성 파일을 ______________ 발음 연습을 해요.（듣다）

（5）손을 ______________ 식사하세요.（씻다）

（6）한국어를 ______________ 2년이 되었습니다.（배우다）

（7）아까 밥을 ______________ 벌써 배가 고프네요.（먹었다）

4 ______ の中に入れるのに適切なものを①～④の中から1つ選んでみましょう。

（1）가：왜 지난 주말에 등산 안 갔어요?
나：지난 주말에는 비가 많이 ______________
① 오거든요.　② 왔을 거예요.
③ 왔잖아요.　④ 온 편이에요.

（2）가：하루카 씨 소식 들었어요?
나：네, 유명한 한국 회사에 ______________
① 취직해야 해요.　② 취직했다고 해요.
③ 취직하려고 해요.　④ 취직했거든요.

（3）가：꿈이 뭐예요?
나：열심히 공부해서 통역사가 ______________
① 되고 싶습니다.　② 하고 싶어해요.
③ 될 수 있어요.　④ 되잖아요.

（4）가：수연 씨 남자 친구 본 적 있어요?
나：아니요. 리사 씨한테서 들었는데 키가 아주 ______________
① 큽니다.　② 컸어요.
③ 크대요.　④ 크잖아요.

（5）가：약속 시간에 ______________
나：네, 조금 일찍 나가겠습니다.
① 늦지 마세요.　② 늦어도 됩니다.
③ 늦는다고 해요.　④ 늦었잖아요.

（6）가：내일까지 제출해도 돼요?
나：안 돼요. 오늘까지 ______________
① 제출할 수 없어요.　② 제출하려고 합니다.
③ 제출하고 싶어해요.　④ 제출해야 해요.

作文練習シート

… 復習　文法確認と作文練習 ……………………………………………

文法確認　　　　に該当する日本語を書き入れてみましょう。

□ -아/어요　~ます、~です

□ -았/었어요　~ました
　　~かったです

□ -(으)세요　~(ら)れます
　　~てください

□ -겠어요 ~ます〔意志〕
　　~でしょう〔推測〕

□ -(으)ㄹ까요?　~ましょうか
　　~でしょうか

□ -(으)ㅂ시다

□ -고

□ -(으)러

□ -(으)면

□ -지만

□ -예요/이에요　~です

作文練習　上の文法事項を参考に作文してみましょう。(平叙文の文末は해요体に)

1　昼食は何を食べましょうか。(점심/뭘/먹다)

→

2　毎日、本を読まれますか。(매일/책/읽다)

→

3　一緒に遊びに行きましょう。(같이/놀다)

→

4　雨が止んだら出発します。(비/그치다/출발하다) 【意志】

→

5　質問があればおっしゃってください。(질문/있다/말씀하시다)

→

6　部屋は広いけれど駅から遠いです。(방/넓다/역/멀다) 【文末は합니다体に】

→

7　授業はなかったけれど学校に行きました。(수업/없다/학교/가다)

→

8　ご飯を食べて寝ました。(밥/먹다/자다)

→

9　週末には運動もして映画も見ます。(주말/운동/영화/보다)

→

10　私は大学生で妹は高校生です。(대학생/이다/여동생/고등학생)

→

… 第1課 文法確認と作文練習 …

文法確認 　　　　に該当する日本語を書き入れてみましょう。

□ -아/어 주세요 ～てください

□ -아/어 주시겠어요?

□ -(으)ㄹ게요 〔意志・約束〕

□ -고 있다

□ -고 계시다 ～ていらっしゃる

□ -지요(?) 〔確認・同意〕

□ -(이)지요(?) ～ですよ（ね）〔確認・同意〕

□ -처럼

作文練習 上の文法事項を参考に作文してみましょう。（平叙文の文末は해요体に）

1 正解を教えてください。（ 정답/가르치다 ）

→

2 もう一度説明していただけますか。（ 다시 한번/설명하다 ）

→

3 これから気をつけます。（ 앞으로/조심하다 ）【意志・約束】

→

4 明日からは絶対に遅れません（よ・から）。（ 내일/절대로/늦다 ）【意志・約束】

→

5 私達みんな大変反省しています。（ 우리/모두/많이/반성하다 ）

→

6 図書館の前で待っていました。（ 도서관 앞/기다리다 ）

→

7 先生は何を探していらっしゃいますか。（ 선생님/뭘/찾다 ）

→

8 昨日も授業がありましたよね。（ 어제/수업/있다 ）【確認・同意】

→

9 誕生日が明日ですよね。（ 생일/내일 ）【確認・同意】

→

10 はるかさんは韓国人のように見えます。（ 한국 사람/보이다 ）

→

… 第2課 文法確認と作文練習 …

文法確認 に該当する韓国語または日本語を書き入れてみましょう。

- □ -아/어서
- □ -(이)라서 ～なので、～だから
- □ ～できない〔前置不可能形〕
- □ -지 못하다
- □ 으不規則活用 (아프다 → 아파서/아파요)
- □ 아직 안 -았/었다
- □ -(으)면 ～れば、～たら、～ると
- □ -고 싶다
- □ -한테 ～(人・動物)に

作文練習 上の文法事項を参考に作文してみましょう。(平叙文の文末は해요体に)

1 書店に行って本を2冊買いました。(서점/책/-권/사다)【数字はハングルに】

→

2 キムチチゲが美味しくてまた食べました。(김치찌개/맛있다/또/먹다)

→

3 お会いできてうれしいです。(만나다/반갑다)【文末は합니다体に】

→

4 お腹がすいたので弁当を1つ買いました。(배가 고프다/도시락/사다)【数字はハングルに】

→

5 年末なので一日中忙しかったです。(연말/하루 종일/바쁘다)

→

6 時間がなくて練習できませんでした。(시간/없다/연습하다)【前置不可能形】

→

7 お腹が痛くて学校に行けそうにありません。(배/아프다)【前置不可能形と-겠を用いる】

→

8 お金が足りなくて買えませんでした。(돈/모자라다/사다)【後置不可能形】

→

9 まだご飯を食べていません。(밥)

→

10 韓国語を学びたければ私に連絡してください。(한국어/배우다/연락하다)

→

… 第3課 文法確認と作文練習 ……………………………………………

文法確認 ＿＿＿＿に該当する日本語を書き入れてみましょう。

□ -아/어 보다 ～てみる
□ -아/어 보고 싶다 ＿＿＿＿
□ -(이)랑 ＿＿＿＿
□ -기로 하다 ＿＿＿＿
□ 아직 안 -아/어 봤다 まだ～てみたことがない
□ -네요 ＿＿＿＿

作文練習 上の文法事項を参考に作文してみましょう。(平叙文の文末は해요体に)

1 韓国には何回行ってみましたか。(한국/몇 번)

→

2 ソウルに行ったらぜひ仁寺洞に行ってみてください。(서울/꼭/인사동)

→

3 お金があれば世界一周をしてみたいです。(돈/있다/세계일주)

→

4 ぜひ一度会ってみたかったです。(꼭/한번/만나다)

→

5 まだ沖縄に行ってみたことがありません。(오키나와)

→

6 予定よりはやく到着しましたね。(예정/-보다/일찍/도착하다)

→

7 これは本当に奇跡ですね。(이건/정말/기적/이다)

→

8 毎月10日に集まることにしました。(매달/모이다)【数字はハングルに】

→

9 これからお酒を飲まないことにしました。(앞으로/술/마시다)

→

10 果物や野菜やパンを買いにマートに行きます。(과일/야채/빵/마트)

→

… 第4課 文法確認と作文練習 …

文法確認 ＿＿＿＿ に該当する韓国語または日本語を書き入れてみましょう。

□ ＿＿＿＿ ～た～（動詞の過去連体形）

□ ＿＿＿＿ ～る～（動詞の現在連体形）

□ ＿＿＿＿（これから）～る～（動詞の未来連体形）

□ -는 ～ある～/～ない～（存在詞の現在連体形）

□ -(으)ㄴ 적이 있다/없다 ＿＿＿＿

□ -게 ～く、～に

□ ＿＿＿＿ 좋아하다/싫어하다 ～が好きだ/嫌いだ

□ -를/을 잘하다 ～が上手だ

□ -를/을 못하다 ～が下手だ、苦手だ

作文練習 上の文法事項を参考に作文してみましょう。（平叙文の文末は해요体に）

1 昨日着たスーツをクリーニング屋に預けました。（ 어제/입다/정장/세탁소/맡기다 ）

→

2 交通カードを売っているところはどこですか。（ 교통카드/팔다/곳 ）

→

3 もうすぐ汽車が出発する時間です。（ 곧/기차/출발하다 ）

→

4 今、日本で一番人気があるアニメーションです。（ 지금/일본/가장/인기가 있다/애니메이션 ）

→

5 わあ、韓国語が本当にお上手ですね。（ 와/한국말/정말/잘하다 ）

→

6 中国には一度も行ったことがありません。（ 중국/한번도 ）

→

7 あの写真館は写真をきれいにうまく撮ります。（ 저/사진관/예쁘다/잘/찍다 ）

→

8 もう少し辛くしていただけますか。（ 조금 더/맵다 ）

→

9 音楽が好きな人々が集まりました。（ 음악/사람들/모이다 ）

→

10 息子が数学が苦手で心配です。（ 아들/수학/못하다/걱정이다 ）

→

… 第5課　文法確認と作文練習 ……………………………………

文法確認　＿＿＿に該当する日本語を書き入れてみましょう。

- □ -(으)ㄴ　~い~（形容詞の現在連体形）
- □ -인　~である~（指定詞の現在連体形）
- □ -(으)ㄹ 거예요(?)　~つもりです（か）
~でしょう、~と思います
- □ -(으)ㄹ 때　~時
- □ -았/었을 때　＿＿＿
- □ -(이)라도　＿＿＿〔選択・例示〕
- □ -(으)세요　＿＿＿〔命令・指示〕

作文練習　上の文法事項を参考に作文してみましょう。（平叙文の文末は해요体に）

1　庭が広い家で暮らしたいです。（ 마당/넓다/살다 ）

→

2　大学生であるうちの兄はいつも忙しいです。（ 대학생/우리/오빠/항상/바쁘다 ）

→

3　ここは会員ではない人は入れません。（ 여기/회원/들어가다 ）【前置不可能形を用いる】

→

4　来年韓国へ語学研修に行くつもりです。（ 내년/어학연수 ）

→

5　金先生は多分結婚したと思います。（ 아마/결혼하다 ）

→

6　忙しくて来られないでしょう。（ 바쁘다/못/오다 ）

→

7　いらいらする時は甘い物を食べてみてください。（ 짜증이 나다/달다/것 ）

→

8　約束場所に到着した時は誰もいませんでした。（ 약속/장소/도착하다/아무도 ）

→

9　週末に時間があったら映画でも見に行きましょうか。（ 주말/시간/영화/보다 ）

→

10　1週間に1度でも運動をしてください。（ -주일/-번/운동 ）【数字はハングルに】

→

… 第6課 文法確認と作文練習 ……………………………………

文法確認　に該当する日本語を書き入れてみましょう。

- □ -(으)니까
- □ ㅂ不規則活用　(춥다 → 추우니까/추워요)
- □ -기 쉽다 ～やすい、～のが簡単だ
- □ -기 어렵다
- □ -아/어 주다　～てくれる
- □ -아/어 주시겠어요?
- □ -(으)ㄹ게요　〔意志・約束〕
- □ -(으)ㄹ 거예요 ～つもりです、～でしょう

作文練習　上の文法事項を参考に作文してみましょう。(平叙文の文末は해요体に)

1 足が痛いのでタクシーに乗って行きましょう。(다리/택시/타고 가다)

→

2 一生懸命に努力したので良い結果が出るでしょう。(열심히/노력하다/결과/나오다)

→

3 ボーナスをもらったので今日の夕食は私がおごります。(보너스/받다/저녁) 【意志・約束】

→

4 カバンが重いです。ちょっと手伝っていただけますか。(무겁다/돕다)

→

5 家が狭くてはやく引っ越したいです。(집/좁다/빨리/이사하다)

→

6 夏季は食べ物が傷みやすいです。(여름철/음식/상하다)

→

7 しょっちゅう約束を破ると信用を得るのが難しいです。(자주/어기다/신용/얻다)

→

8 体に良い食べ物なのでたくさん召し上がってください。(몸/음식/드시다)

→

9 そのコンサートはチケットを手に入れることが難しいでしょう。(콘서트/표/구하다)

→

10 つらい時、そばにいてくれてありがとうございます。(힘들다/곁/고맙다)

→

… 第7課 文法確認と作文練習 ……………………………………

文法確認 　　　　に該当する日本語を書き入れてみましょう。

□ 連体形+것 같다 ～ようだ

□ -아/어 있다 ～ている〔完了状態の持続〕

□ -아/어 계시다 　　　　〔完了状態の持続、尊敬〕

□ -는/(으)ㄴ 편이다 ～ほうだ

□ -한테는 ～(人・動物)

□ -보다 　　　　〔助詞〕

□ -아/어 볼게요

作文練習 上の文法事項を参考に作文してみましょう。(平叙文の文末は해요体に)

1 毎日30分ずつ韓国語の勉強をしているようです。(매일/-씩)【数字はハングルに】

→

2 制服を着ています。学生のようです。(교복/입다/학생)

→

3 キムチチゲが辛そうです。(김치찌개/맵다)

→

4 朝、雨が降ったようです。土(地面)が濡れています。(아침/비가 오다/땅/젖다)

→

5 この色は私には似合わなさそうです。(색깔/어울리다)

→

6 値段が思ったより高いようです。(가격/생각보다/비싸다)

→

7 あそこに立っていらっしゃる方が校長先生です。(저기/서다/분/교장선생님)

→

8 比較的勉強がよくできるほうです。(비교적/공부를 잘하다)

→

9 ソウルは東京より寒いほうです。(서울/도쿄/춥다)

→

10 りささんには私が電話してみます。(제가/전화하다)【意志・約束】

→

… 第8課　文法確認と作文練習 ……………………………………………

文法確認　______ に該当する韓国語または日本語を書き入れてみましょう。

□ ______ ～だが、～けど、～から、～のに
〔前置き、動詞/存在詞/過去形（-았/었）
/意志・推測（-겠）に接続〕

□ -아/어도 되다 ______

□ -(으)ㄴ데　～だが、～けど、～から、～のに
〔前置き、形容詞/指定詞に接続〕

□ ______ ～途中で、～ているうちに、～ていて

□ -(으)면 안 되다 ______

作文練習　上の文法事項を参考に作文してみましょう。（平叙文の文末は해요体に）

1 昼食を食べに行くんですが、一緒に行かれますか。（ 점심/같이 ）
→

2 この箱は絶対に開けてはいけません。（ 상자/절대로/열다 ）
→

3 まだ若いのに白髪が多いです。（ 아직/젊다/흰머리 ）
→

4 この仕事はちょっと時間がかかりそうですが。（ 일/걸리다 ）
→

5 日本人なのに韓国人のように韓国語が上手です。（ 일본 사람/-처럼/한국말/잘하다 ）
→

6 先週は寒かったのですが、今週は暖かいです。（ 춥다/따뜻하다 ）
→

7 宿題をしていて（途中で）つい（うっかり）寝ちゃいました。（ 숙제/깜박/잠이 들다 ）
→

8 熱も出て頭も痛いですが、早退をしてもいいですか。（ 열/나다/머리/조퇴 ）
→

9 その靴、一度履いてみてもいいですか。（ 구두/신다 ）
→

10 冷たい食べ物をたくさん食べてはいけません。（ 차갑다/음식 ）
→

… 第9課 文法確認と作文練習 ………………………………………………

文法確認 ______ に該当する韓国語または日本語を書き入れてみましょう。

□ ㄷ不規則活用 (듣다 → 들으면서/들어요)

□ ______ ～ながら

□ -지 말고 ～(し)ないで〔禁止〕

□ -지 마세요/마십시오 ______

□ -만 ______

□ -밖에 ～しか

作文練習 上の文法事項を参考に作文してみましょう。(平叙文の文末は해요体に)

1 たった今聞いた歌どうですか。(방금/듣다/노래)

→

2 あのう、1つ聞いてみてもいいですか。(저기/묻다)【数字はハングルで】

→

3 久しぶりに一緒に歩きましょうか。(오랜만에/같이/걷다)

→

4 友達からもらったハンカチですが、とても気に入っています。

(-한테서/받다/손수건/아주/마음에 들다)

→

5 ポップコーンを食べながら映画を見ました。(팝콘/먹다/영화)

→

6 勉強ばかりしないで、外に出て運動もしてください。(밖/나가다/운동)

→

7 電車の中では大きな声でしゃべらないでください。(전철/안/큰 소리/얘기하다)

→

8 タバコの吸殻をむやみに捨てないでください。(담배꽁초/함부로/버리다)

【文末は마십시오に】

→

9 財布にお金が千ウォンしかありません。(지갑/돈/-원)【数字はハングルで】

→

10 1人で悩まないで気軽におっしゃってください。(혼자서/고민하다/편하게/말씀하시다)

→

… 第10課 文法確認と作文練習 …

文法確認 ______ に該当する日本語を書き入れてみましょう。

- □ ㅅ不規則活用 (짓다 → 지은 지/지어요)
- □ -아/어지다 ______
- □ -(으)ㄴ 지 ______
- □ -가/이 되다 ______
- □ -가/이 지나다 ~が経つ(過ぎる)
- □ -(이)나 ~も〔数量強調〕

作文練習 上の文法事項を参考に作文してみましょう。(平叙文の文末は해요体に)

1 私の名前は祖父がつけました。(이름/할아버지/짓다)

→

2 1日をにっこり笑いながら始めてみてください。(하루/활짝/웃다/시작하다)

→

3 たくさん歩いて足がパンパンにはれました。(걷다/다리/퉁퉁/붓다)

→

4 これよりあれがもっと優れています(よいです)。(-보다/저게/더/낫다)

→

5 韓国語の発音がとてもよくなりましたね。(한국어/발음/아주)

→

6 思春期が過ぎるとだんだん大人っぽくなります。(사춘기/지나다/점점/어른스럽다)

→

7 歌手になるのが私の夢です。(가수/게/제/꿈)

→

8 韓国に住んでからもう3年になりました。(살다/벌써) 【数字はハングルに】

→

9 料理を注文してから20分が過ぎました。(음식/주문하다) 【数字はハングルに】

→

10 週末に映画を5本も見ました。(주말/영화/-편) 【数字はハングルに】

→

… 第11課 文法確認と作文練習 ……………………………………

文法確認　＿＿＿＿に該当する韓国語または日本語を書き入れてみましょう。

□ 르不規則活用（다르다→달라서/달라요）

□ -거든요　~んですよ、~ですから〔根拠や状況の説明〕

□ -(으)ㄹ래요(?)　＿＿＿＿　＿＿＿＿〔意志・意向〕

□ ＿＿＿＿　~で〔手段・方法・道具・材料〕

□ -(으)니까　＿＿＿＿

□ ＿＿＿＿　~(し)ないで〔禁止〕

□ -(으)ㄹ 생각이다　＿＿＿＿

作文練習　上の文法事項を参考に作文してみましょう。(平叙文の文末は해요体に)

1　お腹がいっぱいなのでもうこれ以上食べられそうにありません。
（배가 부르다/더 이상/못 -/-겠）
→

2　またたく間に歳月がこんなに流れました。（눈 깜짝할 사이에/세월/이렇게/흐르다）
→

3　これがよく売れます。値段がとても安いんですから。（이게/잘/팔리다/값/아주）
→

4　とても眠いです。昨日一睡もできませんでしたから。（너무/졸리다/한숨도 못 자다）
→

5　今日は遊びに行けません。明日が試験なんですよ。（놀다/시험）
→

6　新しくできたお店に一緒に行ってみますか。（새로/생기다/가게）【意志・意向】
→

7　今日は疲れているのでただ家で音楽でも聴きます。（피곤하다/그냥/음악/듣다）【意志・意向】
→

8　初めは不慣れでミスをする場合が多いです。（처음/서투르다/실수/경우）
→

9　鉛筆で書かないでボールペンで書いてください。（연필/쓰다/볼펜）
→

10　来年は韓国語能力試験 4 級に挑戦するつもり(考え)です。
（내년/한국어능력시험/4(사)급/도전하다）
→

… 第12課 文法確認と作文練習 ……………………………………………

文法確認 　　　　　に該当する日本語を書き入れてみましょう。

□ -(으)ㄴ 후에

□ -기 전에 ～(する) 前に

□ -잖아요

□ -(으)려고

□ -(으)려고 하다 ～ようと思う (する)

□ -(으)려고 하지 않다 ～ようと思わない (しない)

作文練習 上の文法事項を参考に作文してみましょう。(平叙文の文末は해요体に)

1 食器洗いをした後に洗濯と掃除をしました。(설거지/빨래/청소)

→

2 カードを入れた後に暗証番号を入力してください。(카드/넣다/비밀번호/입력하다)

→

3 韓国に来る前にどこで韓国語を学びましたか。(한국말/배우다)

→

4 家を買おうとお金を貯めています。(집/사다/돈/모으다)

→

5 キムチチゲを作ろうと豚肉を買いました。(김치찌개/돼지고기)

→

6 子供が薬を飲もうとしません。(아이/약을 먹다)

→

7 私は最後まで我慢しようとしました。(끝/참다)

→

8 話し合えば誤解がとけるじゃないですか。(얘기를 나누다/오해/풀리다)

→

9 残りの1人が犯人じゃないですか。(나머지/범인/이다) 【数字はハングルに】

→

10 その夫婦は仲が良かったじゃないですか。(부부/사이가 좋다)

→

… 第13課 文法確認と作文練習 ……………………………………………

文法確認 ＿＿＿に該当する日本語を書き入れてみましょう。

□ ㅎ不規則活用 (빨갛다 → 빨간/빨개요)
□ -(으)ㄹ 수 있다 ＿＿＿＿＿＿
□ -(으)ㄹ 수 없다 ＿＿＿＿＿＿
□ -아/어야 되다(하다) ＿＿＿＿＿＿
□ -(으)면 안 되다 ～てはいけない
□ -아/어지다 ～くなる、～になる

作文練習 上の文法事項を参考に作文してみましょう。(平叙文の文末は해요体に)

1 韓国のニュースを理解できますか。(뉴스/알아듣다)

→

2 鍵をなくしてドアを開けることができません。(열쇠/잃어버리다/문/열다)

→

3 車に乗る時は必ずシートベルトを締めなければなりません。(차/반드시/안전벨트/매다)

→

4 仕事が多くて夜勤をしなければなりません。(일/많다/야근)

→

5 目上の人には敬語を使わなければなりません。(윗사람/존댓말/쓰다)

→

6 嘘をついてはいけません。(거짓말을 하다)

→

7 美術館で写真を撮ってはいけません。(미술관/사진/찍다)

→

8 赤い帽子より黄色い帽子がもっときれいです。(빨갛다/모자/노랗다/더/예쁘다)

→

9 寒くて唇が青く（紫色に）なりました。(춥다/입술/파랗다)

→

10 ヘアスタイルを変えてみたらどうでしょうか。(머리 모양/바꾸다/어떻다)

→

… 第14課　文法確認と作文練習 ……………………………………………

文法確認　＿＿＿＿に該当する韓国語または日本語を書き入れてみましょう。

□ ＿＿＿＿＿＿ ～(だ)そうだ、～(だ)という〔動詞の間接引用〕

□ ＿＿＿＿＿＿ ～(だ)そうだ、～(だ)という〔存在詞/形容詞/過去形(-았/었)/意志・推測(-겠)の間接引用〕

□ -(이)라고 하다　～(だ)そうだ、～(だ)という〔指定詞の間接引用〕

□ -게 되다 ＿＿＿＿＿＿

□ -고 싶어하다 ＿＿＿＿＿＿

作文練習　上の文法事項を参考に作文してみましょう。(平叙文の文末は해요体に)

1　はるかさんは毎朝6時に起きるそうです。(매일 아침/일어나다)【数字はハングルに】

→

2　真司さんは昨夜からお腹が痛いそうです。(어젯밤/배가 아프다)

→

3　チュノさんも一緒に行くそうですか。(준호/가겠다)

→

4　ソウルは最近とても寒くなったそうです。(서울/요즘/많이/춥다)

→

5　一度も韓国に行ったことがないと言いました。(한번도/한국)

→

6　故郷へ帰ることになったそうです。(고향/돌아가다)

→

7　あの方は有名な画家だそうです。(저 분/유명하다/화가)

→

8　何の用で日本に来ることになりましたか。(무슨 일/일본)

→

9　3年間付き合ったボーイフレンドと別れることになりました。(사귀다/헤어지다)
【数字はハングルに】

→

10　夫はサッカー中継を見たがっています。(남편/축구/중계)

→

リスニング スクリプト

第4課

＊復習Plus ❶

저는 다음 주에 경주에 (갈) 예정이에요.
서울에는 두 번 (간) 적이 있지만 경주에는 아직 (간 적이 없어요).
경주에는 잘 (아는) 친구가 살아요. 그래서 꼭 한번 가 보고 싶었어요.
그 친구는 일본에서 1년 정도 유학한 적이 있어요.
경주에 가면 그 친구하고 같이 (맛있는) 음식도 먹고 (인기 있는) 관광지에도 가 보고 싶어요.

総合練習（1）

問題5

（1）너무 (바빠서) 숙제를 (못) (했어요).
（2）(할머니께서는) 지금 커피를 (마시고) (계세요).
（3）저는 패션에는 관심이 (없는) (편이에요).
（4）저기 (걸려) (있는) 옷 좀 보여 주세요.
（5）내일은 오후에 비가 많이 (올) (거예요).

第11課

＊復習Plus ❶

준　호 : 하루카 씨, 내일 같이 점심 (먹을래요)?
하루카 : 좋아요. 리사 씨도 같이 가도 돼요?
준　호 : 그럼요.
하루카 : 점심 먹고 같이 (쇼핑할래요)? 리사 씨랑 (쇼핑하기로 했거든요).
준　호 : 쇼핑요?
하루카 : 네, 모레가 수연 씨 (생일이거든요). 그래서 선물을 살 생각이에요.
준　호 : 선물은 뭘 살 거예요?
하루카 : 아직 못 정했어요. 내일 준호 씨가 같이 (골라 주세요).
준　호 : 네, 좋아요.

第13課

＊復習Plus ❶

하루카 : 실례합니다. 여기서 명동역까지 어떻게 (가야 돼요)?

역무원 : 서울역에서 내려서 지하철4호선으로 (갈아타세요).

하루카 : 4호선요?

（ソウルの地下鉄路線図を見ながら）

역무원 : 네, 여기 (파란) 색 선이 4호선이에요.
지금 출발하면 20분 뒤에 (도착할 수 있을 거예요).

하루카 : 고맙습니다.

付録

- 主要助詞一覧
- 文法事項一覧
- 助数詞一覧
- 主要発音規則

◆ 主要助詞一覧

＊接続の母音は母音体言、子音は子音体言、終声ㄹはㄹで終わる体言を表します。

助詞	意味	接続	用例	
−는/은	〜は（主題）	母音＋는	저는	私は
		子音＋은	이것은	これは
−께서는	〜は（主題） −는/은の尊敬語	母・子音＋께서는	선생님께서는	先生は
−가/이	① 〜が（主語）	母音＋가	제가	私が
		子音＋이	형이	兄が
	② 〜に（なる） （変化の対象）	母音＋가	가수가 됐어요	歌手になりました
		子音＋이	선생님이 됐어요	先生になりました
−께서	〜が（主語） −가/이の尊敬語	母・子音＋께서	사장님께서	社長が
−를/을	〜を（目的）	母音＋를	한국어를	韓国語を
		子音＋을	산책을	散歩を
−도	〜も（追加）	母・子音＋도	저도	私も
① −와/과 ② −하고 ③ −(이)랑	〜と（羅列）	① 母音＋와 子音＋과 （書き言葉）	노래와 운동 운동과 노래	歌と運動 運動と歌
		② 母・子音＋하고 （話し言葉）	노트하고 책 책하고 노트	ノートと本 本とノート
		③ 母音＋랑 子音＋이랑 （話し言葉）	누나랑 남동생 남동생이랑 누나	姉と弟 弟と姉
−에	〜に（所在・時間）	母・子音＋에	어디에	どこに
			아홉 시에	9時に
① −에게 ② −한테	〜（人・動物）に （対象）	① 母・子音＋에게 （書き言葉）	남동생에게	弟に
		② 母・子音＋한테 （話し言葉）	남자 친구한테	ボーイフレンドに
−께	〜（人）に（対象） −에게/한테の尊敬語	母・子音＋께	선생님께	先生に
① −에게서 ② −한테서	〜（人・動物）から （出所）	①母・子音＋에게서 （書き言葉）	남동생에게서	弟から
		②母・子音＋한테서 （話し言葉）	여자 친구한테서	ガールフレンドから
−에서	① 〜（場所）で （活動の場所） ②〜（場所）から （場所の起点）	母・子音＋에서	① 집에서 쉬어요	家で休みます
			② 한국에서 왔어요	韓国から来ました

−부터	～(時間)から (時間の起点)	母・子音＋부터	아침부터	朝から
−까지	～まで (場所・時間の終点)	母・子音＋까지	학교까지	学校まで
			새벽까지	明け方まで
−(으)로	① ～で (手段・方法・道具・材料)	母音＋로	① 자전거로 가요	自転車で行きます
			② 식사는 뭐로 하시겠어요?	食事は何になさいますか
			③ 어디로 가요?	どこへ行きますか
	② ～に、で (選択・決定)	終声ㄹ＋로	① 메일로 보내요	メールで送ります
			② 약속은 내일로 정했어요	約束は明日に決めました
			③ 서울로 가요	ソウルへ行きます
	③～へ、に (方向)	子音＋으로	① 볼펜으로 쓰세요	ボールペンで書いてください
			② 저는 냉면으로 할게요	私は冷麺にします
			③ 왼쪽으로 가세요	左側へ行ってください
−보다	～より(比較)	母・子音＋보다	서울보다 더워요	ソウルより暑いです
−의	～の(所有・所属)	母・子音＋의 ＊発音は「에」	한국의 수도	韓国の首都
−처럼	～のように(比喩)	母・子音＋처럼	꽃처럼 예뻐요	花のように綺麗です
−밖에	～しか (限定否定)	母・子音＋밖에	이거밖에 없어요	これしかありません
−(이)라도	～でも (選択・例示)	母音＋라도	다음에 만나면 식사라도 합시다	次回会ったら食事でもしましょう
		子音＋이라도	밥이 없으면 빵이라도 주세요	ご飯がなければパンでもください
−(이)나	① ～や、か、でも (列挙・例示・選択)	母音＋나	① 도서관에서 잡지나 책을 읽을 거예요	図書館で雑誌や本を読むつもりです
	② ～も (数量強調)	子音＋이나	② 불고기를 5인분이나 먹었어요	プルゴギを5人前も食べました
−만	～だけ、ばかり (限定)	母・子音＋만	하나만 주세요	1つだけください
−뿐	～だけ、のみ (限定)	母・子音＋뿐 ＊主に뿐이다の形で用いられる	이것뿐이에요	これだけです

◆ 文法事項一覧

➢ **用言の文法事項**

【0】用言の前につくもの

【1】語幹にそのままつくもの（使い分けしない）

【2】母音語幹か子音語幹かによって使い分けるもの

【3】陽母音語幹か陰母音語幹かによって使い分けるもの

区分	事項	意味	課	基本形	用例
【0】	못 -	～できない、（ら）れない（不可能）	2	가다	못 가요
	안 -	～ない（否定）	復習	하다	안 해요
【1】	-거든요	～んですよ、ですから（根拠）	11	바쁘다	바쁘거든요
	-게 되다	～ようになる（帰結）	14	살다	살게 됐어요
	-겠어요	～ます、でしょう（意志・推測）	復習	가다	가겠어요
				바쁘다	바쁘겠어요
	-고	～て、し、で（羅列・順序）	復習	먹다	밥을 먹고 잤어요
	-고 싶어하다	～たがる（第3者の希望）	14	놀다	놀고 싶어해요
	-고 있다	～ている（動作の進行）	1	읽다	읽고 있어요
	-기 쉽다	～やすい	6	알다	알기 쉬워요
	-기 어렵다	～にくい	6	배우다	배우기 어려워요
	-기 전에	～（する）前に	12	자다	자기 전에
	-기로 하다	～ことにする（約束・決定）	3	만나다	만나기로 해요
	-네요	～ですね（感嘆）	3	맛있다	맛있네요
	-는-	～る～、ている～（動詞、存在詞の連体形：現在）	4	보다	보는 영화
	-는 것 같다	～ようだ（推測：動詞、存在詞）	7	오다	오는 것 같아요
	-는 편이다	～ほうだ（傾向：動詞、存在詞）	7	먹다	잘 먹는 편이에요
	-는데	～だが（前置き:動詞、存在詞、過去、意志・推測）	8	모르다	모르는데
	-다가	～ている途中で	8	듣다	듣다가
	-다고 하다	～だそうだ（間接引用:存在詞、形容詞、過去、意志・推測）	14	깊다	깊다고 합니다
	-던-	～た～（存在詞、形容詞、指定詞の過去連体形、動詞の過去回想の連体形）	5	길다	길던 머리
	-잖아요	～じゃないですか（理由や根拠の想起）	12	춥다	춥잖아요

【1】	-지 말다	～のをやめる（禁止）	9	무리하다	무리하지 마세요
	-지 못하다	～できない（不可能）	2	가다	가지 못합니다
	-지 않다	～ない（否定）	復習	오다	오지 않습니다
	-지만	～けれど、が（逆接）	復習	놀다	놀지만
	-지요(?)	～ますよね（?）、ですよね（?）（確認・同意の求め）	1	멀다	멀지요?
【2】	-ㄴ/는다고 하다	～るそうだ（間接引用：動詞）	14	결혼하다	결혼한다고 해요
				읽다	읽는다고 합니다
	-ㅂ니다/습니다	～ます、です（丁寧）	復習	가다	갑니다
				먹다	먹습니다
	-(으)ㄴ-①	～た～（動詞の連体形：過去）	4	오다	온 사람
	-(으)ㄴ-②	～な～、である～（形容詞、指定詞の連体形：現在）	5	비싸다	비싼 가방
	-(으)ㄴ 것 같다①	～たようだ（過去推測：動詞）	7	읽다	다 읽은 것 같아요
	-(으)ㄴ 것 같다②	～なようだ（現在推測：形容詞）	7	크다	큰 것 같아요
	-(으)ㄴ 적이 없다	～たことがない（未経験）	4	보다	본 적이 없습니다
	-(으)ㄴ 적이 있다	～たことがある（経験）	4	가다	간 적이 있어요
	-(으)ㄴ 지	～てから、て以来（時間の経過）	10	배우다	배운 지
	-(으)ㄴ 편이다	～ほうだ（傾向：形容詞）	7	덥다	더운 편이에요
	-(으)ㄴ 후에	～た後に	12	식사하다	식사한 후에
	-(으)ㄴ데	～だが（前置き：形容詞、指定詞）	8	싸다	싼데
	-(으)니까	～から、ので（理由・原因）	6	좋다	좋으니까
	-(으)ㄹ-	～る～、な～（連体形：未来）	4、5	먹다	먹을 음식
	-(으)ㄹ 거예요(?)	～つもりです（か）、でしょう（意志・推測）	5	계시다	계실 거예요
	-(으)ㄹ 것 같다	～そうだ（推測）	7	작다	작을 것 같아요
	-(으)ㄹ 때	～時	5	받다	받을 때
	-(으)ㄹ 수 없다	～ことができない（不可能）	13	믿다	믿을 수 없어요
	-(으)ㄹ 수 있다	～ことができる（可能）	13	사다	살 수 있어요
	-(으)ㄹ게요	～ます（よ、から）（意志・約束）	1	가다	갈게요
	-(으)ㄹ까요?	～ましょうか、でしょうか（勧誘・提案・推測）	復習	공부하다	공부할까요?
				멀다	멀까요?
	-(으)ㄹ래요(?)	～ます（か）（意志・意向）	11	쉬다	쉴래요
	-(으)러	～に（目的）	復習	찍다	찍으러

	-(으)려고	～ようと（意図・計画）	12	찾다	찾으려고
	-(으)면	～れば、たら、ると （仮定・条件）	復習	웃다	웃으면
	-(으)면 안 되다	～てはいけない（禁止・制限）	8	늦다	늦으면 안 돼요
【2】	-(으)면서	～ながら（同時進行）	9	마시다	마시면서
	-(으)ㅂ시다	～ましょう（勧誘・提案）	復習	가다	갑시다
	-(으)세요	～（ら）れます（尊敬） ～てください（命令・指示）	復習	앉다	앉으세요
	-(으)시다	～れる、られる（尊敬）	復習	읽다	읽으십니다
	-아/어 보다	～てみる（試み）	3	입다	입어 보세요
	-아/어 있다	～ている（完了状態の持続）	7	앉다	앉아 있어요
	-아/어 주세요	～てください（依頼）	1	가르치다	가르쳐 주세요
	-아/어 주시겠어요?	～ていただけますか （丁寧な依頼）	1	닫다	닫아 주시겠어요?
	-아/어도 되다	～てもいい（許可）	8	열다	열어도 돼요
【3】	-아/어서	～て、ので、から （動作の先行、理由・原因）	2	만들다	만들어서
	-아/어야 되다(하다)	～なければならない （義務・必要）	13	지키다	지켜야 됩니다
	-아/어요	～ます、です（丁寧）	復習	좋다	좋아요
	-아/어지다	～くなる（状態の変化）	10	많다	많아졌어요
	-았/었어요	～ました、でした（過去）	復習	찾다	찾았어요
	-았/었을 때	～た時	5	살다	살았을 때

➢ **体言の文法事項**

【1】すべての体言にそのままつくもの（使い分けしない）

【2】母音体言か子音体言かによって使い分けるもの

【3】母音体言の後では指定詞「이다」の「이」を省略して使うことができるもの

区分	事項	意味	課	体言	用例
	-요(?)	～です（か）（丁寧、話し言葉） ＊助詞、副詞、語尾にも接続可	3	내일	내일요?
	-인-	～である～（現在連体形）	5	공무원	공무원인 아버지
【1】	-인 것 같다	～のようだ（推測）	7	여동생	여동생인 것 같아요
	-인 편이다	～ほうだ（傾向）	7	내성적	내성적인 편이에요
	-인데	～だが、なのに（前置き）	8	휴일	휴일인데
【2】	-가/이 되다	～になる（変化）	10	배우	배우가 됐어요

	-라고/이라고 하다	～という（間接引用）	14	내일	내일이라고 해요
	-라서/이라서	～だから、なので（理由・原因・話し言葉）	2	취미	취미라서
【2】	-였습니다/이었습니다	～でした（過去）	復習	작년	작년이었습니다
	-였어요/이었어요	～でした（過去）	復習	어제	어제였어요
	-예요/이에요	～です（丁寧）	復習	친구	친구예요
	-(이)거든요	～ですから（根拠）	11	동창	동창이거든요
	-(이)고	～で（羅列）	復習	대학생	대학생이고
	-(이)네요	～ですね（感嘆）	3	문제	문제네요
	-(이)니까	～だから（理由・原因）	6	도서관	도서관이니까
	-(이)ㅂ니다	～です（丁寧）	復習	대학생	대학생입니다
	-(이)세요	～でいらっしゃいます（尊敬）	復習	선생님	선생님이세요
【3】	-(이)셨습니다	～でいらっしゃいました（尊敬の過去）	復習	할머니	할머니셨습니다
	-(이)셨어요	～でいらっしゃいました（尊敬の過去）	復習	손님	손님이셨어요
	-(이)십니다	～でいらっしゃいます（尊敬）	復習	할아버지	할아버지십니다
	-(이)잖아요	～じゃないですか（理由や根拠の想起）	12	시험	시험이잖아요
	-(이)지만	～だが（逆接）	復習	휴일	휴일이지만
	-(이)지요(?)	～ですよね（?）、でしょ（?）（確認・同意の求め）	1	면접	면접이지요?

◆ 助数詞一覧

区分	助数詞		用例	
일, 이, 삼, 사, 오, 육, 칠, 팔, 구, 십, 백… 漢数詞の後につく助数詞	-년	~年	이천이십이 년	2022年
	-월	~月	사월	4月
	-일	~日	십오 일	15日
	-분	~分	삼십 분	30分
	-원	~ウォン	만 원	1万ウォン
	-엔	~円	만오천 엔	1万5千円
	-층	~階	육십삼 층	63階
	-번	~番（番号）	십구 번	19番
	-교시	~時限	일 교시	1時限
	-학년	~年生	이 학년	2年生
	-년생	~年生まれ	이천일 년생(공일년생)	2001年生まれ（01年生まれ）
	-주일	~週間	일 주일	1週間
	-개월	~ヵ月	삼 개월	3か月
	-박-일	~泊~日	일박 이 일	1泊2日
	-급	~級	사 급	4級
하나(한), 둘(두), 셋(세), 넷(네), 다섯, 여섯, 일곱, 여덟, 아홉, 열, 스물(스무)… 固有数詞の後につく助数詞	-개	~個	한 개	1個
	-살	~歳	스물두 살	22歳
	-시	~時	아홉 시	9時
	-번	~度、回	한 번	1度、1回
	-장	~枚	열 장	10枚
	-권	~冊	일곱 권	7冊
	-잔	~杯	세 잔	3杯
	-사람/명	~人/名	한 사람/한 명	1人/1名
	-분	~名様	두 분	お2人、2名様
	-마리	~匹/頭	고양이 다섯 마리	猫5匹
	-병	~本（瓶）	콜라 네 병	コーラ4本
	-송이	~本（花）	꽃 한 송이	花1本
	-편	~本（映画）	영화 한 편	映画1本
	-대	~台	자동차 한 대	車1台
	-달	~月	한 달	ひと月
	-벌	~着	옷 한 벌	服1着
	-켤레	~足	양말 한 켤레	靴下1足
	-봉지	~袋	한 봉지	1袋

◆ 主要発音規則

1. 連音化

（1）終声の後に母音が続く場合、終声は後ろの母音と結びついて発音されます。

한국어（韓国語）〔한구거〕　앉아요（座ります）〔안자요〕

사람이（人が）〔사라미〕　옷을（服を）〔오슬〕

（2）終声で終わる固有語の単語の後に母音で始まる単語が続く場合は、前の単語の終声がそのまま連音せず、代表音で連音される場合があります。

몇 월（何月）〔며퉐〕　부엌 안（台所の中）〔부어간〕

무릎 위（ひざの上）〔무르뷔〕　맛없다（おいしくない）〔마덥따〕

＊「맛있다（おいしい）、멋있다（格好いい）」は「마딛따、머딛다」「마싣따、머싣따」両方の発音があります。日常では「마싣따、머싣따」で発音される場合が多いです。

2. 濃音化

（1）終声〔k〕〔t〕〔p〕の後に続く初声「ㄱ、ㄷ、ㅂ、ㅅ、ㅈ」は、それぞれ濃音「ㄲ、ㄸ、ㅃ、ㅆ、ㅉ」で発音されます。

終声（該当する終声）		次の音節の初声		初声（濃音）
［k］（ㄱ、ㅋ、ㄲ）				
［t］（ㄷ、ㅌ、ㅅ、ㅆ、ㅈ、ㅊ、ㅎ）	＋	ㄱ、ㄷ、ㅂ、ㅅ、ㅈ	→	ㄲ、ㄸ、ㅃ、ㅆ、ㅉ
［p］（ㅂ、ㅍ）				

약속（約束）〔약쏙〕　믿다（信じる）〔믿따〕　입국（入国）〔입꾹〕

학교（学校）〔학꾜〕　있다（ある/いる）〔읻따〕　옆방（隣の部屋）〔엽빵〕

（2）漢字語で終声字「ㄹ」の後に続く初声「ㄷ、ㅅ、ㅈ」は、それぞれ「ㄸ、ㅆ、ㅉ」で発音されます。

《漢字語》		次の音節の初声		初声（濃音）
終声ㄹ	＋	ㄷ、ㅅ、ㅈ	→	ㄸ、ㅆ、ㅉ

활동（活動）〔활똥〕　출석（出席）〔출썩〕　발전（発展）〔발쩐〕

＊「ㄱ、ㅂ」の場合は濃音化しませんので気をつけましょう。

결과（結果）〔결과〕　불복（不服）〔불복〕

（3）合成語の場合、前の単語の終声「ㄴ、ㄹ、ㅁ、ㅇ」の後に続く単語の初声「ㄱ、ㄷ、ㅂ、ㅅ、ㅈ」は、それぞれ濃音「ㄲ、ㄸ、ㅃ、ㅆ、ㅉ」で発音されます。

前の単語の終声		次の単語の初声		初声（濃音）
ㄴ、ㄹ、ㅁ、ㅇ	＋	ㄱ、ㄷ、ㅂ、ㅅ、ㅈ	→	ㄲ、ㄸ、ㅃ、ㅆ、ㅉ

손등（手の甲）〔손뜽〕　　산불（山火事）〔산뿔〕　　달밤（月夜）〔달빰〕
물가（水際）〔물까〕　　밤중（夜中）〔밤쭝〕　　방세（部屋代）〔방쎄〕

（4）子音語幹用言の場合、語幹終声「ㄴ、ㅁ」の後に続く語尾初声「ㄱ、ㄷ、ㅅ、ㅈ」は、それぞれ濃音「ㄲ、ㄸ、ㅆ、ㅉ」で発音されます。また、二重終声字「ㄼ、ㄾ」後に続く語尾初声「ㄱ、ㄷ、ㅅ、ㅈ」も濃音化します。

신고（履いて）〔신꼬〕　　앉다（座る）〔안따〕
남습니다（残ります）〔남씁니다〕　　젊지만（若いけど）〔점찌만〕
떫다（渋い）〔떨따〕　　핥다（舐める）〔할따〕

（5）語尾「-(으)ㄹ」の後に初声「ㄱ、ㄷ、ㅂ、ㅅ、ㅈ」が続くと、それぞれ濃音「ㄲ、ㄸ、ㅃ、ㅆ、ㅉ」で発音されます。

語尾		次の音節の初声		濃音（初声）
-(으)ㄹ	＋	ㄱ、ㄷ、ㅂ、ㅅ、ㅈ	→	ㄲ、ㄸ、ㅃ、ㅆ、ㅉ

먹을 거（食べるもの）〔머글꺼〕　　만들 거예요（作るつもりです）〔만들꺼에요〕
기다릴게요（待ちますよ）〔기다릴께요〕　　올 것 같아요（降りそうです）〔올껃까타요〕
갈 데（行くところ）〔갈떼〕　　계실 분（いらっしゃる方）〔게실뿐〕
갈 수 있어요（行けます）〔갈쑤이써요〕　　탈 준비（乗る準備）〔탈쭌비〕

3. 激音化

終声字「ㅎ」の後に初声「ㄱ、ㄷ、ㅈ」が続くと、ㅎは発音されず、次の初声が激音「ㅋ、ㅌ、ㅊ」で発音されます。また終声〔k〕〔t〕〔p〕の後に「ㅎ」が続くと、同様に初声が「ㅋ、ㅌ、ㅍ」と発音されます。ただし終声字「ㅈ」のときは、「ㅈ＋ㅎ→ㅊ」になります。

終声		次の音節の初声		次の音節の初声	終声（該当する終声）		初声		次の音節の初声
ㅎ	＋	ㄱ	→	ㅋ	[k]（ㄱ、ㅋ、ㄲ）	＋	ㅎ	→	ㅋ
		ㄷ	→	ㅌ	[t]（ㄷ、ㅌ、ㅅ、ㅆ、ㅊ、ㅎ）			→	ㅌ
		ㅈ	→	ㅊ	（ㅈ）			→	ㅊ
					[p]（ㅂ、ㅍ）			→	ㅍ

놓다（置く）〔노타〕　　백화점（百貨店）〔배콰점〕　　시작하다（始める）〔시자카다〕
축하（祝賀）〔추카〕　　못하다（できない）〔모타다〕　　몇 해（何年）〔며태〕
잡화（雑貨）〔자퐈〕　　입학（入学）〔이팍〕　　잊히다（忘れられる）〔이치다〕

＊二重終声字「ㄶ」「ㅀ」は、後ろに「ㄱ ㄷ ㅂ ㅈ」が続く場合、左側の子音を終声で発音し、「ㅎ」は後ろの子音と合わさり激音で発音されます。

(例) 많다（多い）〔만타〕　(例) 싫다（嫌いだ）〔실타〕

＊終声「ㅎ」＋「ㅅ」は濃音化しますので注意しましょう。

(例) 좋습니다（良いです）〔조씀니다〕

4. ㅎ弱化

終声「ㄴ、ㄹ、ㅁ、ㅇ」の後に初声「ㅎ」が続いた場合、ㅎが弱化する傾向があります。また、終声「ㅎ」の後に母音が続く場合の「ㅎ」の音はほとんど発音されません。

은행（銀行）〔으냉〕　문화（文化）〔무놔〕　결혼（結婚）〔겨론〕

열심히（一生懸命に）〔열씨미〕　삼호선（3号線）〔사모선〕　좋아요（良いです）〔조아요〕

＊ㅎ弱化は個人差があるほか、発話スピードや単語によって弱化が起こらないこともあります。

5. 鼻音化

（1）終声〔k〕〔t〕〔p〕の後に「ㄴ、ㅁ」が続く場合、終声の〔k〕は「ㅇ」、〔t〕は「ㄴ」、〔p〕は「ㅁ」の音で発音されます。

終声（該当する終声）		次の音節の初声		終声		次の音節の初声
[k]（ㄱ、ㅋ、ㄲ）				ㅇ		
[t]（ㄷ、ㅌ、ㅅ、ㅆ、ㅈ、ㅊ、ㅎ）	＋	ㄴ/ㅁ	→	ㄴ	＋	ㄴ/ㅁ
[p]（ㅂ、ㅍ）				ㅁ		

작년（昨年）〔장년〕　박물관（博物館）〔방물관〕　꽃나무（花の木）〔꼰나무〕

낱말（単語）〔난말〕　십년（十年）〔심년〕　앞면（前面）〔암면〕

（2）流音「ㄹ」の鼻音化

① 終声〔k〕〔t〕〔p〕の後に「ㄹ」が続く場合、終声の〔k〕は「ㅇ」、〔t〕は「ㄴ」、〔p〕は「ㅁ」の音に変わり、また初声の「ㄹ」は「ㄴ」で発音されます。

終声（該当する終声）		次の音節の初声		終声		次の音節の初声
[k]（ㄱ、ㅋ、ㄲ）				ㅇ		
[t]（ㄷ、ㅌ、ㅅ、ㅆ、ㅈ、ㅊ、ㅎ）	＋	ㄹ	→	ㄴ	＋	ㄴ
[p]（ㅂ、ㅍ）				ㅁ		

국립（国立）〔궁닙〕　몇 리（何里）〔면니〕　입력（入力）〔임녁〕

② 終声「ㅁ、ㅇ」の後に「ㄹ」が続く場合、「ㄹ」は「ㄴ」で発音されます。

終声		次の音節の初声		終声		次の音節の初声
ㅁ、ㅇ	＋	ㄹ	→	ㅁ、ㅇ	＋	ㄴ

심리（心理）〔심니〕　음력（陰暦）〔음녁〕　종류（種類）〔종뉴〕

6. 流音化

「終声ㄴ＋初声ㄹ」、もしくは「終声ㄹ＋初声ㄴ」の場合は、「ㄹ＋ㄹ」と発音されます。

終声		次の音節の初声		終声＋初声
ㄴ	＋	ㄹ	→	ㄹ＋ㄹ
ㄹ		ㄴ		

연락（連絡）〔열락〕　편리（便利）〔펼리〕　원래（もともと）〔월래〕
일년（1年）〔일련〕　설날（元日）〔설랄〕　실내（室内）〔실래〕

7. ㄴ挿入

合成語で、前の単語が終声で終わり、後続語が「야、여、요、유、이」で始まる場合、「ㄴ」が挿入されて「냐、녀、뇨、뉴、니」と発音されます。挿入後にまた鼻音化や流音化する場合もあります。

일본 요리（日本料理）〔일본뇨리〕
부산역（釜山駅）〔부산녁〕
한국 요리（韓国料理）〔한궁뇨리〕
☞（ㄴ挿入＋鼻音化）

무슨 요일（何曜日）〔무슨뇨일〕
서른 여섯（三十六）〔서른녀섣〕
서울역（ソウル駅）〔서울력〕
☞（ㄴ挿入＋流音化）

8. 口蓋音化

終声「ㄷ、ㅌ」に母音「이」が続くと、「지」「치」と発音されます。

終声ㄷ ＋ 이 → 지
終声ㅌ ＋ 이 → 치

굳이（あえて）〔구지〕　해돋이（日の出）〔해도지〕　같이（一緒に）〔가치〕
붙이다（貼る）〔부치다〕　끝이（終わりが）〔끄치〕　밑이（下が）〔미치〕

＊終声「ㄷ」に「히」が続く場合も口蓋音化して「치」と発音されます。

닫히다（閉まる）〔다치다〕　굳히다（固める）〔구치다〕

韓日単語リスト

※数字は初出の課を示しました。復習は「復」、付録は「付」、作文練習は「作」と表記しました。
なお総合練習（1）は7、（2）は14と表記しました。

ㄱ

-가	〜が	復
가게	店	7
가격	価格、値段	7
가깝다	近い	6
가끔	たまに	14
가다	行く	復
-가 되다	〜になる	10
가디건	カーディガン	6
가로수길	並木道	9
가르치다	教える	1
가방	カバン	復
가볍다	軽い	6
가사	歌詞	9
가수	歌手	復
-가 아니다	〜ではない	復
가을	秋	14
가장	もっとも、一番	4
가져가다	持っていく	13
가족	家族	3
가지고 가다	持っていく	7
간식	おやつ	11
갈비	カルビ	9
갈비탕	カルビタン（料理名）	8
갈아타다	乗り換える	6
감기	風邪	6
감기에 걸리다	風邪を引く	6
갑자기	急に	8
값	値段	11
강	川	14
강아지	小犬	10
강하다	強い	14
같이	一緒に	復
-개	〜個	復
개강	開講	12
-개월	〜ヵ月	10
개최하다	開催する、開く	14
거	もの、こと	付
-거든요	〜んです、ですから	11
거의	ほとんど	11
거절하다	断る	7
거짓말	嘘	作13
걱정이다	心配だ	作4
걱정하다	心配する	6
건강	健康	5
건물	建物	6
건축가	建築家	10
걷다	歩く	9
걸다	かける	復
걸리다	かかる	復
걸어서	歩いて	9
검사	検査	12
겁이 나다	怖い、おじけづく	11
것	もの、こと	4
-것 같다	〜ようだ、そうだ（推測）	7
게	ものが、ことが（것이の縮約形）	8
-게	〜く、に（副詞化）	4
-게 되다	〜ようになる	14
게임	ゲーム	2
게임을 하다	ゲームをする	9
-겠어요	〜ます、でしょう	復
겨울방학	冬休み	5
결과	結果	作6
결국	結局	11
결혼	結婚	付
결혼식	結婚式	14
결혼하다	結婚する	5
경우	場合	11
경주	慶州（地名）	4
경치	景色	5
곁	そば	作6
계단	階段	9
계산하다	計算する 勘定する	1
계속하다	続ける	12
계속해서	続けて	12

계시다	いらっしゃる	復
계획	計画	4
-고	~て、し（羅列）	復
-고 계시다	~ていらっしゃる	1
	（動作の進行）	
고기	肉	9
고등학교	高校	5
고등학생	高校生	作復
고르다	選ぶ	11
고마워요	ありがとうございます	1
고맙다	ありがたい	1
고민하다	悩む	作9
고생하다	苦労する	11
-고 싶다	~たい（希望）	2
-고 싶어하다	~たがる	14
	（第3者の希望）	
고양이	猫	5
-고 있다	~ている（動作の進行）	1
고장나다	故障する、壊れる	2
고프다	空腹だ	2
-고 하다	~という（間接引用）	14
고향	故郷	7
곧	まもなく、もうすぐ	6
곱다	きれいだ	6
곳	所	4
공	ゼロ	復
공기	空気	5
공무원	公務員	12
공부	勉強	1
공부하다	勉強する	復
공연장	公演場	13
공항	空港	11
-과	~と	復
과일	果物	作3
과자	お菓子	5
관광지	観光地	4
관심	興味、関心	4
관심없다	興味（関心）ない	4
관심있다	興味（関心）ある	4
괜찮다	大丈夫だ	2
	構わない	
굉장히	すごく	14
교과서	教科書	9
교복	（学校の）制服	作7
교사	教師	10
-교시	~時限	付
교실	教室	復
교장	校長	作7
교재	教材	9
교통	交通	5
교통카드	交通カード	5
교환	交換	14
구	九	復
구두	くつ	7
구름	雲	13
구하다	手に入れる	作6
	求める	
국립	国立	付
굳이	あえて	付
굳히다	固める	付
-권	~冊	復
귀엽다	可愛い	6
규칙	規則	13
규칙적이다	規則的だ	5
그	その	復
그건	それは	4
그냥	ただ、何となく	11
그래도	それでも	2
그래서	それで	4
그래요?	そうですか	5
그랬어요?	そうでしたか	9
그러죠	そうしましょう	11
그런	そんな	13
그런데	ところで、	1
	ところが、ですが	
그럼	では、じゃ	3
	それなら	
그럼요	もちろんです	11
그렇게	そのように	9
	そんなに	11
그렇다	そうだ	9
그려지다	描かれる	13
그리고	そして	10
그림	絵	3
그치다	（雨）止む	3
근처	近所、近く	4

금방	今すぐ、すぐ	7
금방이라도	すぐにでも	7
-급	～級	作11
급하다	急いでいる	14
급한 일	急用	14
기간	期間	6
기다리다	待つ	復
-기로 하다	～ことにする	3
기르다	育てる、飼う	11
기분	気分	2
기쁘다	嬉しい	2
기숙사	寮、寄宿舎	10
-기 쉽다	～(し) やすい	6
-기 어렵다	～(し) にくい	6
기적	奇跡	作6
-기 전에	～(する) 前に	12
기차	汽車	作4
기침	咳	14
기회	機会	作6
길	道	1
길다	長い	5
김치	キムチ	5
김치찌개	キムチ鍋 (料理名)	作2
깊다	深い	14
까만색	黒色	13
까맣다	黒い	13
-까지	まで	復
깎다	削る、(金額を) まける	1
깜박	つい、うっかり	作8
깨끗이	きれいに	10
깨끗하다	きれいだ、清潔だ	10
깨지다	割れる	6
-께	～に (尊敬)	付
-께서	～が (尊敬)	7
-께서는	～は (尊敬)	1
꼭	必ず、ぜひ	2
꽃	花	3
꽃구경	花見	12
꽃나무	花の木	付
꽤	かなり、ずいぶん	11
꿈	夢	10
끄다	消す	2
끊다	切る、やめる	14
끓이다	沸かす	2
끝	終わり、最後	作12
끝나다	終わる	6
끝내다	終える	8

ㄴ

-ㄴ-	～た～ (動詞の過去連体形)	4
-ㄴ-	～な～、～の～ (形容詞、指定詞の現在連体形)	5
-ㄴ 것 같다	～ようだ (推測)	7
-ㄴ다고 하다	～だそうだ (間接引用)	14
-ㄴ데	～ますが、～ですが (前置き)	8
-ㄴ 적이 없다	～たことがない	4
-ㄴ 적이 있다	～たことがある	4
-ㄴ 지	～てから	10
-ㄴ 편이다	～ほうだ (傾向)	7
-ㄴ 후에	～た後に	12
-나	～か、でも	6
	～も (強調、驚き)	10
나가다	出かける、出る	9
나다	出る	8
나머지	残り	作12
나쁘다	悪い	復
나오다	出る、出てくる	7
나이	歳、年齢	7
나중에	後で	1
낚시	釣り	14
낚시를 가다	釣りに行く	14
날씨	天気	復
날씬하다	すらりとしている	10
날이 저물다	日が暮れる	12
남기다	残す	9
남다	残る	付
남동생	弟	7
남자 친구	ボーイフレンド 彼氏	2
남편	夫	14
낫다	治る、優れている	10
낮	昼、昼間	3

낮잠을 자다	昼寝をする	14
낱말	単語	付
내년	来年	4
내리다	降りる、降る	1
내성적	内省的、内向的	付
내용	内容	13
내일	明日	1
너무	あまりに、とても	2
넓다	広い	5
넘어지다	転ぶ、倒れる	8
넣다	入れる	13
네 -	4つの～	復
네	はい	1
-네요	～ますね、ですね	3
넷	4つ	復
-년	～年	復
-년생	～年生まれ	復
노랗다	黄色い	13
노래	歌	3
노래방	カラオケ	4
노력하다	努力する	14
노크	ノック	12
노트	ノート	付
녹음하다	録音する	14
놀다	遊ぶ	復
놀이공원	遊園地	14
높다	高い	5
놓다	置く	13
놓아두다	置いておく	12
누가	誰が	1
누구	誰	復
누나	姉（年下の男性から）	1
눈	雪	2
	目	10
눈 깜짝할 사이	あっという間	作11
눈사람	雪だるま	12
눈이 오다	雪が降る	2
눕다	横になる	7
뉴스	ニュース	作13
뉴욕	ニューヨーク	14
느끼다	感じる	14
-는	～は	復
-는 -	～る～（動詞、存在詞の現在連体形）	4
-는 것 같다	～ようだ（推測）	7
-는다고 하다	～だそうだ（間接引用）	14
-는데	～ますが、ですが（前置き）	8
-는요?	～は？	9
-는 편이다	～ほうだ（傾向）	7
늘	いつも	2
늘다	増える、上達する 上手になる	1
늦게	遅く	8
늦다	遅れる、遅い	2
늦잠을 자다	寝坊する	2
-니까	～から、ので	6

ㄷ

다	すっかり、全部	8
-다가	～ていて ～ている途中で ～ているうちに	8
-다고 하다	～だという（間接引用）	14
다니다	通う	4
다르다	違う、異なる	11
다른	他の、別の	7
다른 사람	他人	1
다리	足	8
다섯	5つ	復
다시	再び、もう一度	8
다시 한번	もう一度	作1
다음	次（の）、来～	2
다음 날	翌日	14
다음 번	今度、次回	9
다음엔	今度は、次回は	4
다음 주	来週	2
다음 해	翌年	14
다이어트	ダイエット	10
다치다	怪我する	8
닦다	磨く	12
단어	単語	4
닫다	閉める、閉じる	1

닫히다	閉まる	7
−달	～月	付
달다	甘い	5
달리다	走る	14
달밤	月夜	付
닮다	似る	5
담배	タバコ	8
담배꽁초	タバコの吸殻	作9
답	答え、回答	12
−대	～台	付
대표적이다	代表的だ	5
대학	大学	12
대학교	大学（校）	10
대학생	大学生	復
대학원	大学院	10
댁	お宅	5
댓글	（ネット）コメント	9
댓글을 달다	（ネット）コメントをつける	13
더	もっと、さらに	5
더 이상	これ以上	作11
−던 −	～た～（過去、回想）	5
덥다	暑い	1
데	ところ（場所）	付
−도	～も	復
도서관	図書館	復
도시락	弁当	作2
도와주다	手伝ってあげる・くれる	8
도전하다	挑戦する	14
도착하다	到着する	3
도쿄	東京	4
돈	お金	4
돈을 찾다	お金をおろす	12
돌아가다	帰る	12
돌아가시다	お亡くなりになる	復
돌아오다	帰ってくる	10
돕다	手伝う、助ける	6
동대문시장	東大門市場	13
동시	同時	10
동아리	サークル	3
동안	間	6
동창	同期、同級生	5
돼지	豚	9

돼지고기	豚肉	作12
되다	なる	10
된장찌개	味噌チゲ	5
두 −	2つの～	復
두고 가다	置いていく	13
둘	2つ	復
둘 다	両方とも、二つとも	10
둘러보다	見て回る、見渡す	7
둘이서	2人で	5
뒤	後、後ろ	12
드라마	ドラマ	5
드시다	召し上がる	復
듣다	聞く、聴く	1
	（授業）受ける	
−들	～ら、たち、など	3
들다	持つ	6
	入る	13
들르다	立ち寄る	11
들어가다	入る、帰る	5
들어오다	入ってくる	12
들어 있다	入っている	13
등산	登山	2
등산을 가다	登山に行く	2
따뜻하다	暖かい	8
따르다	従う、注ぐ	11
땀	汗	12
땅	土、地面	作7
때	時	5
떠나다	発つ、離れる	4
떠들다	騒ぐ	13
떡볶이	トッポキ（料理名）	3
떨어지다	落ちる	9
떫다	渋い	付
또	また	12
뛰어다니다	走りまわる	13
뜨겁다	熱い	6

ㄹ

−ㄹ−	～る～、～な～（未来連体形）	4
−ㄹ 거예요(?)	～つもりです（か）～でしょう	5
−ㄹ 것 같다	～そうだ、ようだ	7

-ㄹ 것이다	～つもりだ、だろう	14
-ㄹ게요	～ます（よ、から）	1
-ㄹ까요?	～ましょうか	復
-ㄹ 때	～（する）時	5
-ㄹ래요(?)	～ます（か）	11
	（意志・意向）	
-ㄹ 생각이다	～つもりだ	5
-ㄹ 수 없다	～ことができない	13
	～できない	
-ㄹ 수 있다	～ことができる	13
	～できる	
-라고 하다	～だそうだ	14
	（指定詞の間接引用）	
-라도	～でも、であっても	5
라면	ラーメン	2
라면을 끓이다	ラーメンを作る	2
-라서	～なので、だから	2
-랑	～と、や	3
-러	～（し）に（目的）	復
-려고	～ようと	12
-려고 하다	～ようと思う	12
-로	～で（手段）	復
	～として、で（資格）	14
	～に（選択）	3
	～へ（方向）	5
루머	うわさ	13
-를	～を	復
-를 잘 못하다	～が上手ではない	1
리무진	リムジン	11
리포트	レポート	5
리폼	リフォーム	10

ㅁ

-마다	～ごとに	10
마당	庭	作5
-마리	～匹、頭、羽	復
마시다	飲む	復
마음	心	5
마음에 들다	気に入る	14
마음이 놓이다	安心する、ほっとする	8
마음이 통하다	心が通じる	14
마트	マート	作3
마흔	四十	復
막히다	渋滞する	2
만	万、1万	復
-만	～だけ、ばかり	6
만나다	会う	復
만들다	作る	復
만지다	触る	9
만화	漫画	9
많다	多い	3
많이	たくさん、とても	1
말	言葉	6
	馬	13
말씀하시다	おっしゃる	1
말하다	言う、話す	1
맑다	澄んでいる	5
맛	味	4
맛없다	まずい	4
	おいしくない	
맛이 없다	まずい	4
	おいしくない	
맛있게	おいしく	4
맛있다	おいしい	4
맞다	正しい、その通りだ	6
맡기다	預ける	作4
매다	締める	作13
매달	毎月	作3
매일	毎日	3
맵다	辛い	6
머리	頭、髪	2
머리 모양	ヘアスタイル	作13
먹다	食べる	復
	（薬）飲む	2
	（飴）舐める	3
먼저	先に	1
멀다	遠い	6
멋없다	格好悪い	4
	素敵じゃない	
멋있다	格好いい、素敵だ	4
메뉴판	メニュー（板）	1
메일	メール	1
며칠전	数日前	7
-면	～たら、れば	復
-면서	～ながら	9
-면 안 되다	～てはいけない	8

면접	面接	12
-명	～名	復
명동역	明洞駅	4
몇 -	いくつ、何～	復
몇 리	何里	付
몇 번	何回	作3
몇 시	何時	1
몇 월	何月	付
몇 해	何年	付
몇 호선	何号線	13
모델	モデル	10
모두	みんな	作1
모레	あさって	1
모르다	知らない	8
	わからない	
모바일페이	モバイルペイ	1
모양	模様	13
모으다	集める	2
모이다	集まる	2
모자	帽子	13
모자라다	足りない	作2
모집하다	募集する	14
목	喉、首	3
목소리	声	2
목욕을 하다	お風呂に入る	12
몸	体	2
몸이 아프다	具合がわるい	2
못 -	～できない	2
	(前置不可能形)	
못하다	できない	5
	下手だ	4
무겁다	重い	6
무릎	ひざ	付
무리하다	無理する	9
무섭다	怖い	6
무슨	何の、どんな	復
무슨 요일	何曜日	付
무슨 일	何事、何の用	2
무슨 일이에요?	どうしたんですか	8
무엇	何	復
묵다	泊まる	4
문	門、ドア	7
문제	問題	9
문제집	問題集	9
문화	文化	付
묻다	尋ねる	9
물	水	10
물가	物価	11
물가	水際	付
물건	物、品物	4
물냉면	水冷麺	11
물론	勿論	1
뭐	何、何を	復
뭘	何を	復
미국	アメリカ	14
미루다	延期する	2
미술관	美術館	3
미안하다	すまない	7
미역국	わかめスープ	8
미용실	美容室	11
믿다	信じる	9
밑	下	付

ㅂ

-ㅂ니까?	～ますか、ですか	復
-ㅂ니다	～ます、です	復
-ㅂ시다	～ましょう	復
바꾸다	変える	作13
바다	海	3
바로	すぐ	14
바쁘다	忙しい	2
바이러스	ウイルス	12
바지	ズボン	7
박물관	博物館	9
-박-일	～泊～日	付
밖	外	6
-밖에	～しか	9
반	半	10
반드시	必ず	12
반갑다	嬉しい	作2
반성하다	反省する	作1
받다	もらう、受け取る	2
발음	発音	1
발전	発展	付
발표	発表	8
발표문	発表文	8

밤	夜	3
밤중	夜中	付
밥	ご飯	復
방	部屋	6
방금	たった今	11
방법	方法	4
방세	部屋代	付
배	お腹	2
배가 고프다	お腹が空く	6
배가 부르다	お腹がいっぱいだ	11
배송	配送	11
배우	俳優	4
배우다	習う、学ぶ	復
백	百	復
백점을 맞다	百点を取る	4
백화점	百貨店、デパート	2
밴드	バンド	14
버리다	捨てる	9
버스	バス	復
-번	～度、回	復
-번	～番（番号）	付
번역하다	翻訳する	7
번지 점프	バンジージャンプ	14
번호표	番号札	12
-벌	～着	付
벌다	稼ぐ	5
벌써	すでに、もう	3
범인	犯人	作12
벗다	脱ぐ	7
벚꽃	桜	7
벽	壁	7
변경하다	変更する	8
별로	あまり、それほど	4
-병	～本（瓶）	復
병원	病院	復
보고서	報告書	8
보고 싶다	会いたい	5
보내다	送る	復
보너스	ボーナス	作6
보다	見る、観る	1
	会う	3
	（試験を）うける	3
-보다	～より	1
보이다	見せる、見える	1
복잡하다	複雑だ、混んでいる	6
볼펜	ボールペン	作11
봄	春	3
봄방학	春休み	5
-봉지	～袋	付
부끄럽다	恥ずかしい	13
부럽다	羨ましい	3
부르다	歌う、呼ぶ、満腹だ	4
부모님	ご両親	11
부부	夫婦	作12
부산	釜山（地名）	3
부산역	釜山駅	付
부엌	台所	付
-부터	～から （時間、順序の起点）	復
-분	～分	復
-분	～名様	付
분	方	作7
분실물	紛失物	13
불	火、明かり	12
불고기	プルゴギ（料理名）	付
불꽃축제	花火大会	14
불다	吹く	4
불복	不服	付
불편하다	不便だ	6
붓다	注ぐ、腫れる	10
붙이다	貼る	付
비	雨	復
비가 오다	雨が降る	2
비교적	比較的	作7
비밀번호	暗証番号	8
비빔밥	ビビンパ	復
비슷하다	似ている	6
비싸다	（値段）高い	復
비행기	飛行機	13
빌려 드리다	お貸しする	8
빌리다	借りる	2
빠르다	速い	11
빠지다	夢中になる	7
빨간색	赤色	13
빨갛다	赤い	13
빨래	洗濯	作12

빨리	速く、早く	復
빵	パン	作3
뽑다	選ぶ、引く	12
-뿐	〜だけ、ばかり	10

ㅅ

사	四	復
사교적이다	社交的だ	5
사귀다	付き合う	10
사다	買う	復
사람	人	復
-사람	〜人	付
사람들	人々	4
사용하다	使用する、使う	12
사이	仲、間	11
사이가 좋다	仲がいい	作12
사이즈	サイズ	7
사이트	サイト	11
사장님	社長	付
사진	写真	3
사진관	写真館	作4
사춘기	思春期	作10
사탕	飴	3
사 호선	4号線	13
산	山	5
산불	山火事	付
산책	散歩、散策	2
-살	〜歳	復
살다	住む、暮らす	復
살이 빠지다	痩せる	9
삼	三	復
삼계탕	参鶏湯 (料理名)	3
상자	箱	作8
상하다	傷む	作6
새-	新、新しい〜	14
새로	新しく、新たに	作11
새벽	明け方、深夜	7
새집	新しい家、新築	10
새치기	割り込み	13
색	色	13
색깔	色	13
생각	考え、つもり	5
생각보다	思ったより、思ったほど	7
생강차	生姜ティー	3
생기다	できる、生じる	5
생일	誕生日	復
생활	生活	5
생활하다	生活する	10
샤워하다	シャワーする	12
-서	〜で (-에서の縮約形)	1
서다	立つ	7
서두르다	急ぐ	9
서로	互いに	14
서류	書類	13
서른	三十	復
서울	ソウル	4
서울역	ソウル駅	13
서점	書店、本屋	作2
서투르다	下手だ、不慣れだ	11
선	線	13
선물	プレゼント	2
선배	先輩	4
선생님	先生	復
설거지	食器洗い	作12
설날	元日	付
설명서	説明書	6
설명하다	説明する	6
설정하다	設定する	8
설탕	砂糖	13
성격	性格	5
성능	性能	12
성실하다	誠実だ	5
성적	成績	14
세 -	3つの〜	復
세계일주	世界一周	作3
세상	世、世の中	10
세수를 하다	顔を洗う	12
-세요(?)	〜(ら) れます (か)	復
	お〜ください	1
세우다	止める	1
세월	歳月	作11
세탁소	クリーニング屋	作4
세일	セール	6
센터	センター	13
셋	3つ	復
-셨어요(?)	〜(ら) れました (か)	復

소개	紹介	14
소개하다	紹介する	1
소리	声、音	14
소식	消息、うわさ、便り	14
소식통	消息筋、情報通	14
소포	小包	3
손	手	10
손님	お客さん	11
손등	手の甲	付
손수건	ハンカチ	作9
-송이	～本（花）	付
쇼핑	ショッピング	6
수능시험	修学能力試験（韓国の大学入試共通試験）	13
수도	首都	付
수업	授業	1
수업을 듣다	授業を受ける	1
수영	水泳	12
수학	数学	作4
숙제	宿題	5
순서	順番、順序	12
술	酒	3
숨기다	隠す	14
숨다	隠れる	14
쉬다	休む	2
쉰	五十	復
쉽게	簡単に	13
쉽다	易しい、容易だ	6
스무 -	二十の～	復
스물	二十	復
스웨터	セーター	7
스카프	スカーフ	7
스키를 타다	スキーをする	14
스키캠프	スキーキャンプ	12
스터디하다	スタディーする勉強する	12
스트레스	ストレス	5
슬프다	悲しい	2
-습니까?	～ますか、ですか	復
-습니다	～ます、です	復
-시	～時	復
시간	時間	復
-시겠어요?	～（ら）れますか	1

시골	田舎	11
시끄럽다	うるさい	9
시원하다	冷たい、涼しい	6
시작하다	はじめる	作10
시장	市場	8
시즌	シーズン	7
시청	市役所	1
시키다	注文する	8
시합	試合	5
시험	試験	2
식당	食堂	復
식사하다	食事する	12
신다	履く	7
신문	新聞	1
신분증	身分証	5
신상품	新商品	7
신용	信用	作6
신용카드	クレジットカード	1
신주쿠	新宿	3
신칸센	新幹線	復
싣다	積む	9
실내	室内	9
실력	実力	9
실례하다	失礼する	13
실수	ミス	作11
실은	実は	5
실컷	思い切り	11
싫다	いやだ、嫌いだ	付
싫어하다	嫌いだ	4
심리	心理	付
심하다	ひどい	14
십	十	復
십 년	10年	10
-십니다	～（ら）れます	復
싱겁다	（味が）薄い	7
싸다	安い	復
싸우다	喧嘩する	7
쓰다	書く、使う	2
	苦い	13
	（眼鏡を）かける	7
	（帽子を）かぶる	7
쓰레기	ごみ	9
-씨	～さん	復

-씩	～ずつ	9
씻다	洗う	7

ㅇ

-아 계시다	～ていらっしゃる	7
아기	赤ちゃん	10
아까	さっき	12
아뇨	いいえ (아니요) の縮約形	1
아니에요	いいえ、いやー いえいえ	1
아니요	いいえ	2
-아도 되다	～てもいい	8
아들	息子	作4
아르바이트	アルバイト	復
아마	たぶん	5
아무	何の～、どんな～	14
아무것도	何にも	12
아무도	誰も	7
아무래도	どうやら、どうしても	7
-아 보고 싶다	～てみたい	3
-아 보다	～てみる	3
-아 보세요	～てみてください	3
-아 볼게요	～てみます	7
-아서	～て、～から ～ので	2
-아서요	～くてですね	2
-아야 되다	～なければなら ない	13
-아야 하다	～なければなら ない	13
-아요	～ます、です ～ましょう ～てください	復
아이	子供	作12
-아 있다	～ている (完了状態の持続)	7
아주	とても	作10
-아 주다	～てくれる	6
-아 주세요	～てください	1
-아 주시겠어요?	～ていただけますか	1
-아지다	～くなる、になる	10
아직	まだ	1

아직도	いまだに	14
아침	朝、朝食、朝ご飯	2
아프다	痛い	2
아홉	9つ	復
아흔	九十	復
안	中	6
안 -	～ない (用言の否定)	復
안경	眼鏡	7
안경을 쓰다	眼鏡をかける	7
안 계시다	いらっしゃらない	復
안내원	案内員	9
안녕하세요?	こんにちは	10
안전벨트	シートベルト	作13
안쪽	内側	7
앉다	座る	復
알겠습니다	わかりました	7
알겠어요	わかりました	3
알다	知る、わかる	復
알람 시계	アラーム時計	2
알아듣다	理解する 聞き分ける	9
-았는데	～たけど	8
-았다고 하다	～だったそうだ	14
-았습니다	～ました、かったです	復
-았어요	～ました、かったです	復
-았을 때	～た時	5
앞	前	1
앞면	前面	付
앞으로	これから、今後	3
앞으로도	これからも、今後も	14
애니메이션	アニメーション	作4
-야	～は ～はもちろん	12
야구	野球	7
야근	夜勤	作13
야채	野菜	7
약	薬	2
약국	薬局	11
약속	約束	2
약을 먹다	薬を飲む	2
약하다	弱い	14
양말	靴下	付
얘기	話	11

얘기를 나누다	話し合う	作12
얘기하다	話す、しゃべる	6
-어 계시다	～ていらっしゃる	7
어기다	破る、守らない	作6
어느	どの	4
-어도 되다	～てもいい	8
어둡다	暗い	6
어디	どこ	復
어때요?	どうですか	2
어땠어요?	どうでしたか	9
어떠세요?	いかがですか	6
어떤	どんな、なんの	4
어떻게	どう、どのように	復
	どうやって	5
어떻다	どうだ	9
어렵다	難しい	6
어른스럽다	大人びている	作10
어리다	幼い	7
어머니	お母さん	7
-어 보고 싶다	～てみたい	3
-어 보다	～てみる	3
-어 보세요	～てみてください	3
-어 볼게요	～てみます	7
-어서	～て、～から	2
	～ので	
어서	どうぞ、さあ	10
어서 오세요	いらっしゃい	10
-어서요	～くてですね	2
-어야 되다	～なければならない	13
-어야 하다	～なければならない	13
-어요	～ます、です	復
	～ましょう	
	～てください	
어울리다	似合う	7
-어 있다	～ている（完了状態の持続）	7
어제	昨日	2
어젯밤	昨晩	7
-어 주다	～てくれる	6
-어 주세요	～てください	1
-어 주시겠어요?	～ていただけますか	1
-어지다	～くなる、になる	10
어학연수	語学研修	5
억	億	復
언니	姉（年下の女性から）	14
언어	言語	7
언제	いつ	復
언제든지	いつでも	1
얻다	得る	作6
얼굴	顔	13
얼마	いくら	復
얼마나	どれぐらい	9
없다	ない、いない	復
-었는데	～たけど	8
-었다고 하다	～だったそうだ	14
-었습니다	～ました、かったです	復
-었어요	～ました、かったです	復
-었을 때	～た時	5
-에	～（所在・時間）に	復
-에게	～（人・動物）に（対象）	復
-에게는	～（人・動物）には	1
-에게서	～（人・動物）から（出所）	4
-에도	～にも	1
-에서	～（行為の場所）で	復
	～（場所）から（起点）	復
에어컨	エアコン	1
-엔	～円	復
-엔	～には（에는の縮約）	9
엘리베이터	エレベーター	9
여권	旅券、パスポート	13
여기	ここ、こちら	復
여덟	8つ	復
여동생	妹	復
여든	八十	復
여름	夏	6
여름방학	夏休み	3
여름철	夏季	作6
여보세요	もしもし	2
여섯	6つ	復
여자 친구	ガールフレンド	5
	彼女	

여행	旅行	4
여행사	旅行会社	8
여행을 가다	旅行に行く	12
여행하다	旅行する	3
역	駅	9
역무원	駅員	13
연락	連絡	5
연락처	連絡先	13
연락하다	連絡する	2
연말	年末	作2
연속극	連続ドラマ	14
연습하다	練習する	復
연예인	芸能人	4
연필	鉛筆	作11
열	十（とお）	復
열	熱	8
열다	開ける	6
열두 시	12時	9
열리다	開く、開かれる	7
열쇠	鍵	作13
열심이다	熱心だ	3
열심히	熱心に、一生懸命	1
열이 나다	熱が出る	8
영	ゼロ、零	復
영화	映画	2
영화관	映画館	2
옆	横、隣	10
옆방	隣の部屋	付
예쁘다	きれいだ、可愛い	2
예순	六十	復
예약	予約	8
-예요(?)	～です（か）	復
예전	昔、ずっと前	11
예정	予定	4
오	五	復
오늘	今日	2
오다	来る	復
	（雨、雪）降る	復
오래	長く、長らく、久しく	6
오래간만이다	久しぶりだ	1
오르다	上がる、登る	11
오빠	兄（年下の女性から）	2
오사카	大阪	復

오전	午前	1
오키나와	沖縄	作3
오해	誤解	14
오후	午後	復
온천욕을 하다	温泉に入る	3
올리다	挙げる、上げる	14
올여름	今年の夏	7
옷	服	4
와	ワー（感嘆）	3
-와	～と	復
왜	なぜ、どうして	2
외국	外国	5
외국계	外国系、外資系	14
외국인	外国人	4
외우다	覚える	4
왼쪽	左側	付
-요(?)	～です（か）	3
요리	料理	2
요즘	この頃、最近	1
우리	私達（の）	10
	うち（の）、私（の）	
우산	傘	2
우연히	偶然	8
우울하다	憂鬱だ	5
우유	牛乳	3
운동	運動	復
운전하다	運転する	9
울다	泣く	2
웃다	笑う	10
-원	～ウォン	復
원래	もともと	付
원피스	ワンピース	13
-월	～月	復
월급	給料	12
월요일	月曜日	12
위	上	付
위험하다	危険だ、危ない	9
윗사람	目上の人	作13
유람선	遊覧船	3
유머	ユーモア	4
유명하다	有名だ	復
유실물	遺失物	13
유튜브	ユーチューブ	9

유학생	留学生	7
유학을 가다	留学に行く	12
유학하다	留学する	4
유행	流行	14
육	六	復
-으니까	～から、ので	6
-으러	～（し）に（目的）	復
-으려고	～ようと	12
-으려고 하다	～ようと思う	12
-으로	～で（手段）	復
	～として、で（資格）	14
	～に（選択）	3
	～へ（方向）	5
-으면	～たら、れば	復
-으면서	～ながら	9
-으면 안 되다	～てはいけない	8
-으세요	～てください	1
-으세요(?)	～されます（か）	復
-으셨습니까?	～（ら）れましたか	復
-으셨습니다	～（ら）れました	復
-으셨어요(?)	～（ら）れました（か）	復
-으시겠어요?	～ていただけますか	1
-으십니다	～（ら）れます	復
-은	～は	復
-은 -	～た～	4
	（動詞の過去連体形）	
-은 -	～な～、～の～	5
	（形容詞の現在連体形）	
-은 것 같다	～ようだ	7
-은데	～だが、から、のに	8
-은 적이 없다	～たことがない	4
-은 적이 있다	～たことがある	4
-은 지	～てから	10
-은 편이다	～ほうだ（傾向）	7
은행	銀行	12
-은 후에	～た後	12
-을	～を	復
-을 -	～る～、～な～	4
	（未来連体形）	
-을 거예요(?)	～つもりです（か）	5
	～でしょう	
-을 것 같다	～そうだ、ようだ	7
-을 것이다	～つもりだ、だろう	14
	（意志・推測）	
-을게요	～ます（よ、から）	1
-을까요?	～ましょうか	復
-을 때	～（する）時	5
-을래요(?)	～ます（か）（意志・意向）	11
-을 생각이다	～つもりだ	5
-을 수 없다	～ことができない	13
	～できない	
-을 수 있다	～ことができる	13
	～できる	
-을 잘 못하다	～が上手ではない	1
음력	陰暦、旧暦	付
음성	音声	9
음식	食べ物、料理	4
음악	音楽	1
-읍시다	～ましょう	復
-의	～の	復
의미	意味	10
의외로	意外に	3
이	二	復
	この	復
	歯	12
-이	～が	復
이거	これ	付
이건	これは（이것은の縮約）	7
이것	これ	復
이곳	ここ	11
이기다	勝つ	5
-이나	～か、でも	6
	～も（強調・驚き）	10
-이네요	～ですね、ますね	3
-이다	～である、だ	復
-이 되다	～になる	10
이따가	後で	6
-이라고 하다	～だそうだ	14
	（指定詞の間接引用）	
-이라도	～でも、であっても	5
-이라서	～なので、だから	2
-이랑	～と、や	3
이렇게	このように、こんなに	7
이름	名前	1
이번	今度（の）、今回（の）	1
이번에는	今回は	3

이번 주	今週	3
이사하다	引っ越す	6
-이 아니다	～ではない	復
-이야	～は	12
	～はもちろん	
이야기하다	話す	9
-이에요(?)	～です（か）	復
이용하다	利用する	9
이전	以前	14
이제	もう、もうすぐ	8
-이죠?	～ですよね、でしょ	1
	（이지요の縮約形）	
-이지요?	～ですよね	1
	～でしょ	
이틀	二日	10
-인 -	～である～	5
	（指定詞の現在連体形）	
인기	人気	4
-인데	～ですが	13
-인분	～人前	復
인사동	仁寺洞（地名）	10
인삼차	高麗人参茶	3
인터넷	インターネット	10
인턴십	インターンシップ	14
일	一	復
	仕事、事	2
-일	～日	復
일곱	7つ	復
일 년	1年	付
일단	一旦、とりあえず	8
일본	日本	4
일본말	日本語	10
일본어	日本語	6
일본 요리	日本料理	4
일어나다	起きる	2
일요일	日曜日	3
일주일	一週間	10
일찍	早く	2
일하다	働く、仕事する	復
일흔	七十	復
읽다	読む	復
잃어버리다	なくす	4
	なくしてしまう	

입국	入国	付
-입니까?	～ですか	復
-입니다	～です	復
입다	着る	3
입력	入力	付
입력하다	入力する	作12
입술	唇	作13
입원하다	入院する	7
입장하다	入場する	13
입학	入学	付
입학하다	入学する	10
잇다	繋ぐ、結ぶ	10
있다	ある、いる	復
잊다	忘れる	14
잊어버리다	忘れてしまう、忘れる	8
잊히다	忘れられる	付

ㅈ

자다	寝る	復
자동차	自動車	付
자르다	切る	11
자리	席、場所	13
자막	字幕	9
자신	自信	4
자전거	自転車	8
자주	よく、しょっちゅう	2
	頻繁に	
작년	昨年、去年	1
작다	小さい	復
	（背が）低い	
작품	作品	9
-잔	～杯	復
-잖아요	～じゃないですか	12
잘	よく、うまく、元気に	1
잘되다	うまくいく	3
잘 먹었습니다	ご馳走様でした	4
잘 못하다	上手ではない	1
잘생기다	ハンサムだ	7
잘하다	上手だ	4
잠깐	ちょっと（の間）、少し	6
	しばらく（の間）	
잠시만요	ちょっと待ってください	5
잠이 들다	眠る、寝入る	8

잠이 안 오다	眠れない	3
잠이 오다	眠い	3
잡다	つかむ、握る	6
잡수시다	召し上がる	復
잡지	雑誌	4
잡채	チャプチェ（料理名）	4
잡화	雑貨	付
-장	～枚	復
장래	将来	10
장미꽃	バラの花	3
장소	場所	4
장학금	奨学金	14
재미없다	おもしろくない	4
재미있다	おもしろい	復
저	あの	3
	私	復
저게	あれが（저것이の縮約形）	作10
저기	あそこ	7
	あのう…	2
저녁	夕方、夕食	5
저야	私はもちろん	12
적다	書く、書き込む	13
적다	少ない	復
전	前	13
	私は（저는の縮約形）	9
전철	電車	復
전혀	全く、全然	5
전화	電話	復
전화하다	電話する	復
절대	絶対	9
절대로	絶対に	1
절약되다	節約される	11
젊다	若い	5
점	点	6
점수	点数	9
점심	昼ご飯、昼食	復
점원	店員	7
점점	だんだん	作10
정답	正解	作1
정도	程度、ほど	復
정류장	停留場	13
정리하다	片づける	4

정말	本当（に）、とても	1
정보	情報	14
정장	スーツ	12
정하다	決める	11
젖다	濡れる	作7
제	私の	復
제가	私が	復
제일	第一、一番	5
제자리	元の場所	12
제주도	済州島	3
제출하다	提出する	8
제품	製品	11
조	兆	復
조금	少し、ちょっと	5
조금 더	もう少し、ちょっと	7
조금 전	少し前、ちょっと前	13
조심하다	気をつける	6
조용하다	静かだ	5
조용히	静かに	6
조용히 하다	静かにする	13
조퇴	早退	作8
존댓말	敬語	作13
졸다	居眠りする	8
졸리다	眠い、眠たい	作11
졸업하다	卒業する	5
좀	ちょっと、少し	1
좁다	狭い	6
종류	種類	付
좋다	良い	復
좋아하다	好きだ	復
죄송하다	申し訳ない	2
-죠?	～ですよね、でしょ（-지요の縮約形）	1
주다	くれる、あげる	14
주말	週末	3
주무시다	お休みになる	復
주문하다	注文する	11
주세요	ください	5
주스	ジュース	12
주시다	くださる	14
-주일	～週間	作5
주차하다	駐車する	9
죽다	死ぬ	復

준비	準備	9
줄을 서다	列を作る	7
중계	中継	作14
중국	中国	作4
중학교	中学校	5
지각하다	遅刻する	2
지갑	財布	4
지금	今	1
지금도	今でも	8
지나다	過ぎる、経つ	10
지난번	この前、前回	4
지난주	先週	4
지난 주말	先週末	14
지내다	過ごす	1
−지 마세요	〜ないでください	9
−지 마십시오	〜ないでください	9
−지만	〜けど、ですが	復
−지 말고	〜ないで	9
−지 말다	〜のをやめる	9
−지 못하다	〜できない	2
	(後置不可能形)	
−지 않다	〜ない(否定)	復
−지요?	〜ですよね	1
	〜ますよね	
지키다	守る	13
지하철	地下鉄	6
직원	職員	13
직장	職場	14
진달래꽃	山つつじの花	12
질문	質問	作復
집	家	復
짓다	建てる、作る	10
	つける	
짜다	しょっぱい	5
	塩辛い	
짜장면	ジャージャー麺	3
짜증	いらだち	作5
짜증이 나다	いらいらする	作5
짧다	短い	5
−쯤	〜頃、くらい	5
찍다	撮る	復
찜질방	韓国式サウナ	3

ㅊ

차	お茶	9
	車	作13
차갑다	冷たい	作8
차례	順番	13
참	とても	3
	そういえば	14
	あ!、そうだ	
참가자	参加者	14
참가하다	参加する	12
참다	我慢する、耐える	2
창가 쪽	窓側	11
창문	窓	1
찾다	探す、見つける	4
찾아가다	訪ねていく	8
찾아오다	訪ねてくる	8
책	本	復
−처럼	〜のように	1
처음	はじめて	5
천	千	復
천천히	ゆっくり	6
첫눈	初雪	5
첫사랑	初恋	14
청소	掃除	1
초대하다	招待する	10
최근	最近	14
축구	サッカー	5
축하	祝賀	付
출구	出口	9
출발하다	出発する	1
출석	出席	付
춥다	寒い	1
취미	趣味	復
취직	就職	12
취직하다	就職する	5
−층	〜階	復
치다	する、打つ、弾く	5
치르다	払う	11
치마	スカート	5
친구	友達	復
친하다	親しい	5
칠	七	復
칭찬을 받다	褒められる	5

ㅋ

카드	カード	5
카페	カフェ	1
커피	コーヒー	7
커피숍	コーヒーショップ	7
컵	コップ	6
케이크	ケーキ	12
케이팝	K-POP	4
켜다	つける	1
-켤레	～足	付
코미디	コメディー	3
콘서트	コンサート	作6
콘서트홀	コンサートホール	13
콜라	コーラ	付
콜록콜록	ごほんごほん	6
크다	大きい、(背) 高い	復
클래식	クラシック	4
키	背	復
키가 크다	背が高い	2

ㅌ

타고 가다	乗っていく	作6
타다	乗る	復
태권도	テクォンド	5
태어나다	生まれる	10
태풍	台風	14
택시	タクシー	復
터미널	ターミナル	10
테니스	テニス	5
테니스를 치다	テニスをする	5
토요일	土曜日	3
통역사	通訳者	10
통장	通帳	5
통하다	通じる	10
퉁퉁	パンパンに	作10
트렁크	トランク	9
티셔츠	Tシャツ	13
팀	チーム	5

ㅍ

파란색	青色	13
파랗다	青い	13
파일	ファイル	9
파티	パーティー	2
팔	八	復
팔다	売る	4
팔리다	売れる	作11
팝콘	ポップコーン	作9
팥빙수	小豆のかき氷	6
패션	ファッション	7
패스트푸드	ファーストフード	3
팬	ファン	14
팬미팅	ファンミーテング	14
-편	～本 (映画)	作10
편리	便利	付
편리하다	便利だ	5
편하게	気軽に、楽に	作9
포기하다	諦める	9
표	チケット	2
푹	ゆっくり、たっぷり じっくり	2
풀다	解く、ほどく	9
풀리다	ほどける、やわらぐ とれる、解ける	5
품질	品質	11
피곤하다	疲れる	復
피다	咲く	7
피아노를 치다	ピアノを弾く	14
피우다	吸う	8
필요	必要	4

ㅎ

-하고	～と	1
하나	1つ	復
하늘	空	10
하다	する	復
	言う	11
하루	一日	10
하루종일	一日中	9
하얗다	白い	13
하지만	しかし、けれども	1
하트	ハート	13
학교	学校	復
학기	学期	1
-학년	～年生	復
학생	学生	復

한 -	1つの～	復
한강	漢江（河川名）	3
한국	韓国	復
한국말	韓国語	1
한국어	韓国語	復
한국어능력시험	韓国語能力試験	作11
한국 요리	韓国料理	付
한 달	ひと月	10
한번	一度、一回	3
한 번도	一度も	9
한복	韓国服	3
	韓国の伝統衣装	
한숨도	一睡も	作11
한턱내다	おごる	1
	ご馳走する	
-한테	～（人・動物）に	2
	（対象、話し言葉）	
-한테는	～（人・動物）には	7
	（対象、話し言葉）	
-한테서	～（人・動物）から	4
	（出所、話し言葉）	
할머니	祖母、おばあさん	7
할아버지	祖父、おじいさん	1
핥다	舐める	付
함부로	むやみに	作9
합격하다	合格する	5
항상	いつも	7
해돋이	日の出	付
해외	海外	14
핸드폰	携帯電話	8
헤어지다	別れる	2
현금	現金	1
현실	現実	10
형	兄（年下の男性から）	2
-호선	～号線	13
호텔	ホテル	4
혹시	もし、もしかして、	2
	万一	
혼자	1人、1人で	5
혼자서	1人で	3
홍차	紅茶	7
화가	画家	作14
화장	化粧	12
환전하다	両替する	12
활동	活動	14
활발하다	活発だ	7
활짝	にっこり	作10
회사	会社	4
회원	会員	作5
회의	会議	14
회화	会話	1
후	後	12
후배	後輩	5
후지산	富士山	5
휴관일	休館日	7
휴대폰	携帯電話	2
휴일	休日	3
흐르다	流れる	11
흐리다	曇っている	7
흔들다	振る	12
흘리다	流す	12
희망	希望	10
흰머리	白髪	作8
힘들다	つらい、大変だ	5

日韓単語リスト

※数字は初出の課を示しました。復習は「復」、付録は「付」、作文練習は「作」と表記しました。
なお総合練習（1）は7、（2）は14と表記しました。

	あ	
あ！	참	14
間	동안	6
	사이	11
会いたい	보고 싶다	5
会う	만나다	復
	보다	3
あえて	굳이	付
青い	파랗다	13
青色	파란색	13
赤い	빨갛다	13
赤色	빨간색	13
赤ちゃん	아기	10
明かり	불	12
上がる	오르다	11
秋	가을	14
諦める	포기하다	9
明け方	새벽	7
開ける	열다	6
あげる	주다	付
挙げる、上げる	올리다	14
朝	아침	2
朝ご飯	아침	2
あさって	모레	1
足	다리	8
味	맛	4
明日	내일	1
小豆のかき氷	팥빙수	6
預ける	맡기다	作4
汗	땀	12
あそこ	저기	7
遊ぶ	놀다	復
暖かい	따뜻하다	8
頭、髪	머리	2
新しい〜	새-	14
新しい家	새집	10
新しく	새로	作11
あちら	저기	7
熱い	뜨겁다	6
暑い	덥다	1
あっという間	눈 깜짝할 사이	作11
集まる	모이다	2
集める	모으다	2
後	후, 뒤	12
後で	나중에	1
	이따가	6
兄（年下の男性から）	형	2
兄（年下の女性から）	오빠	2
アニメーション	애니메이션	作4
姉（年下の男性から）	누나	1
姉（年下の女性から）	언니	14
あの	저	3
あのう…	저기	2
危ない	위험하다	9
甘い	달다	5
あまり	별로	4
あまりに	너무	2
飴	사탕	3
雨	비	復
雨が降る	비가 오다	2
アメリカ	미국	14
アラーム時計	알람 시계	2
洗う	씻다	7
新たに	새로	作11
ありがたい	고맙다	1
ありがとうございます	고마워요	1
ある	있다	復
歩く	걷다	9
アルバイト	아르바이트	復
あれが	저게（저것이の縮約）	作10
暗証番号	비밀번호	8
安心する	마음이 놓이다	8
案内員	안내원	9
いい	좋다	復
いいえ	아뇨	1
	아니요	2
言う	하다	11
	말하다	1

家	집	復
いえいえ	아니에요	1
意外に	의외로	3
いかがですか	어떠세요?	6
行く	가다	復
いくつ	몇	復
いくら	얼마	復
遺失物	유실물	13
以前	이전	14
急いでいる	급하다	14
忙しい	바쁘다	2
急ぐ	서두르다	9
痛い	아프다	2
傷む	상하다	作6
一	일	復
一度、一回	한번	3
一度も	한 번도	9
一日	하루	10
一日中	하루종일	9
一年	일 년	付
市場	시장	8
一番	가장	4
いつ	언제	復
一週間	일주일	10
一生懸命に	열심히	1
一緒に	같이	復
一睡も	한숨도	作11
一旦	일단	8
5つ	다섯	復
いつでも	언제든지	1
いつも	늘	2
	항상	7
いない	없다	復
田舎	시골	11
居眠りする	졸다	8
今	지금	1
今すぐ	금방	7
いまだに	아직도	14
今でも	지금도	8
意味	의미	10
妹	여동생	復
いやだ	싫다	付
いらいらする	짜증이 나다	作5

いらだち	짜증	作5
いらっしゃいませ	어서 오세요	10
いらっしゃらない	안 계시다	復
いらっしゃる	계시다	復
いる	있다	復
入れる	넣다	13
色	색、색깔	13
インサドン	인사동	10
（仁寺洞　地名）		
インターネット	인터넷	10
インターンシップ	인턴십	14
陰暦	음력	付
ウイルス	바이러스	12
上	위	付
～ウォン	-원	復
受け取る	받다	2
（試験を）うける	보다	3
（授業を）受ける	듣다	1
後ろ	뒤	12
（味が）薄い	싱겁다	7
嘘	거짓말	作13
歌	노래	3
歌う	부르다	4
内側	안쪽	7
打つ	치다	5
うっかり	깜박	作8
馬	말	13
うまくいく	잘되다	3
生まれる	태어나다	10
海	바다	3
羨ましい	부럽다	3
うるさい	시끄럽다	9
嬉しい	기쁘다	2
	반갑다	作2
売る	팔다	4
売れる	팔리다	作11
うわさ	루머	13
運転する	운전하다	9
運動	운동	復
絵	그림	3
エアコン	에어컨	1
映画	영화	2
映画館	영화관	2

描かれる	그려지다	13
駅	역	9
駅員	역무원	13
選ぶ	고르다	11
	뽑다	12
得る	얻다	作6
エレベーター	엘리베이터	9
～円	-엔	復
延期する	미루다	2
鉛筆	연필	作11
おいしい	맛있다	4
おいしく	맛있게	4
おいしくない	맛없다	4
	맛이 없다	4
置いていく	두고 가다	13
置いておく	놓아두다	12
終える	끝내다	8
多い	많다	3
大きい	크다	復
大阪	오사카	復
お母さん	어머니	7
お菓子	과자	5
お貸しする	빌려 드리다	8
お金	돈	4
お金をおろす	돈을 찾다	12
沖縄	오키나와	作3
お客さん	손님	11
起きる	일어나다	2
億	억	復
置く	놓다	13
送る	보내다	復
遅れる	늦다	2
おごる	한턱내다	1
幼い	어리다	7
おじいさん	할아버지	1
教える	가르치다	1
おじけづく	겁이 나다	11
遅い	늦다	2
遅く	늦게	8
お宅	댁	5
お茶	차	9
落ちる	떨어지다	9
おっしゃる	말씀하시다	1
夫	남편	14
音	소리	14
弟	남동생	7
大人びている	어른스럽다	作10
お腹	배	2
お腹がいっぱいだ	배가 부르다	11
お腹が空く	배가 고프다	6
お亡くなりになる	돌아가시다	復
おばあさん	할머니	7
お風呂に入る	목욕을 하다	12
覚える	외우다	4
重い	무겁다	6
思い切り	실컷	11
面白い	재미있다	復
面白くない	재미없다	4
思ったほど	생각보다	7
思ったより	생각보다	7
お休みになる	주무시다	復
おやつ	간식	11
降りる	내리다	1
終わり	끝	作12
終わる	끝나다	6
音楽	음악	1
音声	음성	9
温泉に入る	온천욕을 하다	3

か

～か、でも	-(이)나	6
～が	-가/이	復
～が (尊敬助詞)	-께서	7
～が (逆接)	-지만	復
カーディガン	가디건	6
カード	카드	5
ガールフレンド	여자 친구	5
～階	-층	復
～回	-번	復
会員	회원	作5
海外	해외	14
会議	회의	14
開講	개강	12
外国	외국	5
外国人	외국인	4
開催する	개최하다	14

外資系	외국계	14
会社	회사	4
階段	계단	9
会話	회화	1
買う	사다	復
飼う	기르다	11
帰ってくる	돌아오다	10
帰る	들어가다	5
	돌아가다	12
変える	바꾸다	作13
顔	얼굴	13
顔を洗う	세수를 하다	12
画家	화가	作14
価格	가격	7
かかる	걸리다	復
夏季	여름철	作6
鍵	열쇠	作13
書く	쓰다	2
書く、書き込む	적다	13
隠す	숨기다	14
学生	학생	復
隠れる	숨다	14
～ヵ月	-개월	10
かける	걸다	復
(眼鏡を) かける	쓰다	7
傘	우산	2
歌詞	가사	9
歌手	가수	復
風邪	감기	6
稼ぐ	벌다	5
風邪を引く	감기에 걸리다	6
家族	가족	3
方	분	作7
片づける	정리하다	4
固める	굳히다	付
勝つ	이기다	5
～月	-월	復
学期	학기	1
学校	학교	復
格好いい	멋있다	4
格好悪い	멋없다	4
活動	활동	14
活発だ	활발하다	7
悲しい	슬프다	2
必ず	반드시	12
	꼭	2
かなり	꽤	11
彼女	여자 친구	5
カバン	가방	復
カフェ	카페	1
(帽子を)かぶる	쓰다	7
壁	벽	7
構わない	괜찮다	2
我慢する	참다	2
通う	다니다	4
～から (場所の起点)	-에서	復
～から (時間の起点)	-부터	復
～から (人・動物) (話し言葉)	-한테서	4
～から (人・動物) (書き言葉)	-에게서	4
～から (理由)	-(이)라서	2
	-아/어서	2
	-(으)니까	6
	-는데/(으)ㄴ데	8
辛い	맵다	6
カラオケ	노래방	4
体	몸	2
～からです	-아/어서요	2
借りる	빌리다	2
軽い	가볍다	6
カルビ	갈비	9
カルビタン (料理名)	갈비탕	8
彼氏	남자 친구	2
川	강	14
可愛い	예쁘다	2
	귀엽다	6
考え、思い	생각	5
観光地	관광지	4
韓国	한국	復
韓国語	한국어	復
	한국말	1
韓国語能力試験	한국어능력시험	作11
韓国式サウナ	찜질방	3
韓国服 (伝統衣装)	한복	3
韓国料理	한국 요리	付

元日	설날	付
勘定する	계산하다	1
感じる	느끼다	14
関心	관심	4
関心がある	관심이 있다	4
関心がない	관심이 없다	4
簡単に	쉽게	13
黄色い	노랗다	13
機会	기회	作6
気軽に、楽に	편하게	作9
期間	기간	6
聞き分ける（理解する）	알아듣다	9
聞く、聴く	듣다	1
危険だ	위험하다	9
汽車	기차	作4
寄宿舎	기숙사	10
奇跡	기적	作3
規則	규칙	13
規則的だ	규칙적이다	5
気に入る	마음에 들다	14
昨日	어제	2
気分	기분	2
希望	희망	10
キムチ	김치	5
キムチ鍋	김치찌개	作2
決める	정하다	11
～級	-급	作11
休館日	휴관일	7
休日	휴일	3
九十	아흔	復
急に	갑자기	8
牛乳	우유	3
急用	급한 일	14
給料	월급	12
旧暦	음력	付
今日	오늘	2
教科書	교과서	9
教材	교재	9
教師	교사	10
教室	교실	復
興味	관심	4
去年	작년	1
キョンジュ（慶州 地名）	경주	4

嫌いだ	싫다	付
	싫어하다	4
切る	자르다	11
（電話を）切る	끊다	14
着る	입다	3
きれいだ、美しい	예쁘다	2
	곱다	6
きれいだ、清潔だ	깨끗하다	10
きれいに	깨끗이	10
気をつける	조심하다	6
銀行	은행	12
近所	근처	4
九	구	復
～く、に（副詞化）	-게	4
具合が悪い	몸이 아프다	2
空気	공기	5
空港	공항	11
偶然	우연히	8
空腹だ	고프다	2
薬	약	2
薬を飲む	약을 먹다	2
ください	주세요	5
くださる	주시다	14
果物	과일	作3
唇	입술	作13
くつ	구두	7
靴下	양말	付
ぐっすり	푹	2
～くてです	-아/어서요	2
～くなる、になる	-아/어지다	10
首	목	3
雲	구름	13
曇っている	흐리다	7
暗い	어둡다	6
～ぐらい	-쯤	5
クラシック	클래식	4
暮らす	살다	復
クリーニング屋	세탁소	作4
来る	오다	復
車	차	作13
クレジットカード	신용카드	1
くれる	주다	14
黒い	까맣다	13

黒色	까만색	13
苦労する	고생하다	11
計画	계획	4
敬語	존댓말	作13
計算する	계산하다	1
携帯電話	휴대폰	2
	핸드폰	8
芸能人	연예인	4
ケーキ	케이크	12
K-POP	케이팝	4
ゲーム	게임	2
ゲームをする	게임을 하다	9
怪我する	다치다	8
景色	경치	5
化粧	화장	12
(火・明かりを) 消す	끄다	2
削る	깎다	1
結果	결과	作6
結局	결국	11
結婚	결혼	付
結婚式	결혼식	14
結婚する	결혼하다	5
月曜日	월요일	12
～けれど (逆接)	-지만	復
けれども	하지만	1
喧嘩する	싸우다	7
現金	현금	1
言語	언어	7
健康	건강	5
検査	검사	12
現実	현실	10
建築家	건축가	10
五	오	復
～個	-개	復
小犬	강아지	10
公演場	공연장	13
合格する	합격하다	5
交換	교환	14
高校	고등학교	5
高校生	고등학생	作復
～号線	-호선	13
紅茶	홍차	7
校長	교장	作7

交通	교통	5
交通カード	교통카드	5
後輩	후배	5
公務員	공무원	12
高麗人参茶	인삼차	3
声	목소리	2
	소리	14
コーヒー	커피	7
コーヒーショップ	커피숍	7
コーラ	콜라	付
誤解	오해	14
語学研修	어학연수	5
故郷	고향	7
国立	국립	付
ここ	여기	復
	이곳	11
午後	오후	復
9つ	아홉	復
心	마음	5
心が通じる	마음이 통하다	14
五十	쉰	復
故障する	고장나다	2
午前	오전	1
答え	답	12
ご馳走様でした	잘 먹었습니다	4
ご馳走する	한턱내다	1
こちら	여기	復
小包	소포	3
コップ	컵	6
こと	것	4
	거 (것の縮約形)	付
	일	2
ことが	게 (것이の縮約形)	8
～ことができない	-(으)ㄹ 수 없다	13
～ことができる	-(으)ㄹ 수 있다	13
今年の夏	올여름	7
異なる	다르다	11
～ごとに	-마다	10
～ことにする	-기로 하다	3
～ことになる	-게 되다	14
言葉	말	6
子供	아이	作12
断る	거절하다	7

この	이	復
この頃	요즘	1
この前	지난번	4
このように	이렇게	7
ご飯	밥	復
ごほんごほん	콜록콜록	6
ごみ	쓰레기	9
コメディー	코미디	3
(ネット) コメント	댓글	9
(ネット) コメントをつける	댓글을 달다	13
ご両親	부모님	11
これ	이것	復
	이거 (이것の縮約形)	付
これ以上	더 이상	作11
これから	앞으로	3
これからも	앞으로도	14
これは	이건 (이것은の縮約形)	7
~頃	-쯤	5
転ぶ	넘어지다	8
怖い	무섭다	6
	겁이 나다	11
壊れる	고장나다	2
今回 (の)	이번	1
今回は	이번엔	3
コンサート	콘서트	作6
コンサートホール	콘서트홀	13
今週	이번 주	3
混んでいる	복잡하다	6
今度 (の)	이번	1
今度	다음 번	9
今度は	다음엔	4
こんな	이런	13
こんなに	이렇게	7
こんにちは	안녕하세요?	10

さ

さあ	어서	10
サークル	동아리	3
~歳	-살	復
最近	요즘	1
	최근	14
歳月	세월	作11
サイズ	사이즈	7
サイト	사이트	11
財布	지갑	4
探す	찾다	4
先に	먼저	1
咲く	피다	7
昨年	작년	1
昨夜 (昨晩)	어젯밤	7
作品	작품	9
桜	벚꽃	7
酒	술	3
~冊	-권	復
雑貨	잡화	付
サッカー	축구	5
さっき	아까	12
雑誌	잡지	4
砂糖	설탕	13
寒い	춥다	1
サムゲタン (参鶏湯 料理名)	삼계탕	3
さらに	더	5
~されます (か)	-(으)세요(?)	復
騒ぐ	떠들다	13
触る	만지다	9
三	삼	復
~さん	-씨	復
参加者	참가자	14
参加する	참가하다	12
三十	서른	復
散歩	산책	2
~時	-시	復
試合	시합	5
シーズン	시즌	7
シートベルト	안전벨트	作13
塩辛い	짜다	5
~しか	-밖에	9
次回	다음 번	9
次回は	다음엔	4
しかし	하지만	1
時間	시간	復
試験	시험	2
~時限	-교시	付

仕事	일	2
仕事する	일하다	復
思春期	사춘기	作10
自信	자신	4
静かだ	조용하다	5
静かに	조용히	6
静かにする	조용히 하다	13
下	밑	付
従う	따르다	11
親しい	친하다	5
七	칠	復
室内	실내	9
実は	실은	5
質問	질문	作復
実力	실력	9
失礼する	실례하다	13
自転車	자전거	8
自動車	자동차	付
品物	물건	4
死ぬ	죽다	復
しばらく	잠깐	6
渋い	떫다	付
字幕	자막	9
閉まる	닫히다	7
閉める	닫다	1
締める	매다	作13
地面	땅	作7
ジャージャー麺	짜장면	3
市役所	시청	1
じゃ	그럼	3
社交的だ	사교적이다	5
写真	사진	3
写真館	사진관	作4
社長	사장님	付
～じゃないですか	-잖아요	12
シャワーする	샤워하다	12
週	주	2
十	십	復
修学能力試験	수능시험	13
～週間	-주일	作5
就職	취직	12
就職する	취직하다	5
ジュース	주스	12

渋滞する	막히다	2
12時	열두 시	9
10年	십 년	10
週末	주말	3
授業	수업	1
授業を受ける	수업을 듣다	1
祝賀	축하	付
宿題	숙제	2
出席	출석	付
出発する	출발하다	1
首都	수도	付
趣味	취미	復
種類	종류	付
順序、順番	순서	12
	차례	13
準備	준비	9
紹介	소개	14
紹介する	소개하다	1
奨学金	장학금	14
生姜ティー	생강차	3
生じる	생기다	5
上手だ	잘하다	4
上手ではない	잘 못하다	1
使用する	사용하다	12
消息	소식	14
消息筋	소식통	14
招待する	초대하다	10
上達する	늘다	1
情報	정보	14
将来	장래	10
職員	직원	13
食事する	식사하다	12
食堂	식당	復
職場	직장	14
食器洗い	설거지	作12
しょっちゅう	자주	2
しょっぱい	짜다	5
ショッピング	쇼핑	6
書店	서점	作2
書類	서류	13
白髪	흰머리	作8
知らない	모르다	8
知る	알다	復

白い	하얗다	13
新幹線	신칸센	復
新宿	신주쿠	3
新商品	신상품	7
信じる	믿다	9
心配する	걱정하다	6
心配だ	걱정이다	作4
新聞	신문	1
信用	신용	作6
心理	심리	付
水泳	수영	12
ずいぶん	꽤	11
吸う	피우다	8
数学	수학	作4
数日前	며칠전	7
スーツ	정장	12
スカート	치마	5
スカーフ	스카프	7
スキーキャンプ	스키캠프	12
スキーをする	스키를 타다	14
好きだ	좋아하다	復
過ぎる	지나다	10
すぐ	곧	6
	금방	7
	바로	14
少ない	적다	復
すぐにでも	금방이라도	7
優れている	낫다	10
すごく	굉장히	14
少し	조금	5
	좀 (조금の縮約形)	1
少し前	조금 전	13
過ごす	지내다	1
涼しい	시원하다	6
スタディーする	스터디하다	12
～ずつ	-씩	9
すっかり	다	8
素敵じゃない	멋없다	4
素敵だ	멋있다	4
捨てる	버리다	9
ストレス	스트레스	5
すべて	다	8
ズボン	바지	7

すまない	미안하다	7
住む	살다	復
すらりとしている	날씬하다	10
する	하다	復
座る	앉다	復
澄んでいる	맑다	5
背	키	復
正解	정답	作1
性格	성격	5
生活	생활	5
生活する	생활하다	10
誠実だ	성실하다	5
成績	성적	14
性能	성능	12
製品	제품	11
(学校の) 制服	교복	作7
セーター	스웨터	7
セール	세일	6
世界一周	세계일주	作3
背が高い	키가 크다	2
咳	기침	14
席	자리	13
絶対	절대	9
絶対に	절대로	1
設定する	설정하다	8
説明書	설명서	6
説明する	설명하다	6
節約される	절약되다	11
ぜひ	꼭	2
狭い	좁다	6
ゼロ	공, 영	復
千	천	復
線	선	13
前回	지난번	4
先週	지난주	4
先週末	지난 주말	14
先生	선생님	復
全然	전혀	5
センター	센터	13
洗濯	빨래	作12
先輩	선배	4
全部	다	8
前面	앞면	付

そういえば	참	14
掃除	청소	1
そうしましょう	그러죠	11
そうだ	그렇다	9
～そうだ（推測）	-것 같다	7
～（だ）そうだ	-다고 하다	14
（間接引用）		
早退	조퇴	作8
そうでした（か）	그랬어요(?)	9
そうです（か）	그래요(?)	5
ソウル	서울	4
ソウル駅	서울역	13
～足	-켤레	付
そして	그리고	10
注ぐ	붓다	10
	따르다	11
育てる	기르다	11
卒業する	졸업하다	5
外	밖	6
その	그	復
その通りだ	맞다	6
そのように	그렇게	9
そば	곁	作6
祖父	할아버지	1
祖母	할머니	7
空	하늘	10
それで	그래서	4
それでは	그럼	3
それでも	그래도	2
それは	그건	4
	（그것은の縮約形）	
それほど	별로	4
そんな	그런	13
そんなに	그렇게	11

た

～た（過去形）	-았/었다	復
～た～	-(으)ㄴ	4
（動詞の過去連体形）		
～た～（過去、回想）	-던	5
～だ、である	-이다	復
～た後に	-(으)ㄴ 후	12
ターミナル	터미널	10
～台	-대	付
～たい（希望）	-고 싶다	2
第一、一番	제일	5
ダイエット	다이어트	10
大学	대학	12
大学院	대학원	10
大学生	대학생	復
大学（校）	대학교	10
大丈夫だ	괜찮다	2
体調が悪い	몸이 아프다	2
台所	부엌	付
代表的だ	대표적이다	5
台風	태풍	14
大変だ	힘들다	5
耐える	참다	2
倒れる	넘어지다	8
～だが	-는데/(으)ㄴ데	8
高い	높다	5
（値段が）高い	비싸다	復
（背が）高い	크다	復
互いに	서로	14
～だから	-(이)라서	2
～たがる	-고 싶어하다	14
（第３者の希望）		
たくさん	많이	1
タクシー	택시	復
～だけ	-만	6
	-뿐	10
～たけど	-았/었는데	8
～たことがある	-(으)ㄴ 적이 있다	4
～たことがない	-(으)ㄴ 적이 없다	4
助ける	돕다	6
訪ねていく	찾아가다	8
訪ねてくる	찾아오다	8
尋ねる	묻다	9
ただ	그냥	11
正しい	맞다	6
～達	-들	3
立ち寄る	들르다	11
立つ	서다	7
発つ	떠나다	4
経つ	지나다	10
たった今	방금	11

建物	건물	6
建てる	짓다	10
～た時	-았/었을 때	5
他人	다른 사람	1
タバコ	담배	8
タバコの吸殻	담배꽁초	作9
たぶん	아마	5
食べ物	음식	4
食べる	먹다	復
たまに	가끔	14
便り	소식	14
～たら（仮定）	-(으)면	復
足りない	모자라다	作2
誰	누구	復
誰が	누가	1
誰も	아무도	7
単語	단어	4
	낱말	付
誕生日	생일	復
だんだん	점점	作10
小さい	작다	復
チーム	팀	5
チェジュド（済州島 地名）	제주도	3
近い	가깝다	6
違う	다르다	11
近く	근처	4
地下鉄	지하철	6
チケット	표	2
遅刻する	지각하다	2
茶	차	9
～着	-벌	付
チャプチェ	잡채	4
中学校	중학교	5
中継	중계	作14
中国	중국	作4
駐車する	주차하다	9
昼食	점심	復
注文する	주문하다	11
兆	조	復
挑戦する	도전하다	14
ちょっと	조금	5
	좀（조금の縮約形）	1

	잠깐	6
ちょっと前	조금 전	13
ちょっと待ってください	잠시만요	5
つい	깜박	作8
通じる	통하다	10
通帳	통장	5
通訳者	통역사	10
使う	쓰다	2
つかむ	잡다	6
疲れる	피곤하다	復
～月	-달	付
次（の）	다음	2
付き合う	사귀다	10
月夜	달밤	付
作る	만들다	復
（明かりを）つける	켜다	1
（名前を）つける	짓다	10
土	땅	作7
続けて	계속해서	12
続ける	계속하다	12
繋ぐ	잇다	10
積む	싣다	9
冷たい	시원하다	6
	차갑다	作8
～つもりだ	-(으)ㄹ 생각이다	5
	-(으)ㄹ 것이다	14
～つもりです（か）（意志）	-(으)ㄹ 거예요(?)	5
強い	강하다	14
つらい	힘들다	5
釣り	낚시	14
釣りに行く	낚시를 가다	14
手	손	10
～て（羅列）	-고	復
（動作の先行 / 原因、理由）	-아/어서	2
～で（行為の場所）	-에서	復
	-서（-에서の縮約形）	復
～で（手段、方法）	-（으)로	復
～である～（指定詞の現在連体形）	-인	5
Tシャツ	티셔츠	13
提出する	제출하다	8

～ていただけますか	-아/어 주시겠어요?	1
程度	정도	復
～て以来	-(으)ㄴ 지	10
～ていらっしゃる	-고 계시다	1
（動作の進行）		
～ていらっしゃる	-아/어 계시다	7
（完了状態の持続）		
停留場	정류장	13
～ている（動作の進行）	-고 있다	1
～ている	-아/어 있다	7
（完了状態の持続）		
～ている途中で	-다가	8
出かける	나가다	9
～てから	-(으)ㄴ 지	10
できない	못하다	5
～できない	못-	2
（前置不可能形）		
（後置不可能形）	-지 못하다	2
できる	생기다	5
テクォンド	태권도	5
～てください（請願）	-아/어 주세요	1
～てください	-(으)세요	1
（命令・指示）		
出口	출구	9
～てくれる	-아/어 주다	6
～でしょう（推測）	-(으)ㄹ 거예요	5
～です	-입니다	復
～です（か）	-예요/이에요(?)	復
	-입니까?	復
	-요(?)	3
～ですが	-(이)ㄴ데	8
	-는데/(으)ㄴ데	8
～ですね、ますね	-네요	3
（感嘆）		
～ですよね、～でしょう	-(이)지요?	1
（縮約形）	-(이)죠?	1
手伝う	돕다	6
手伝ってあげる	도와주다	8
出ていく	나가다	9
出てくる	나오다	7
～てです	-아/어서요	2
手に入れる	구하다	作6
テニス	테니스	5

テニスをする	테니스를 치다	5
手の甲	손등	付
では	그럼	3
デパート	백화점	2
～ではありません	-가/이 아니에요	復
～てはいけない	-(으)면 안 되다	8
～ではない	-가/이 아니다	復
～てみたい	-아/어 보고 싶다	3
～てみてください	-아/어 보세요	3
～てみます	-아/어 볼게요	7
～てみる	-아/어 보다	3
～でも、であっても	-(이)라도	5
～てもいい	-아/어도 되다	8
出る	나가다	9
	나다	8
	나오다	7
点	점	6
店員	점원	7
天気	날씨	復
電車	전철	復
点数	점수	9
電話	전화	復
電話する	전화하다	復
～と	-하고	1
	-와/과	復
	-(이)랑	3
～度	-번	復
ドア	문	7
どう、どのように	어떻게	復
同期、同級生	동창	5
東京	도쿄	4
どうしたんですか	무슨 일이에요?	8
同時	동시	10
どうして	왜	2
どうしても	아무래도	7
どうぞ	어서	10
どうだ	어떻다	9
到着する	도착하다	3
どうでしたか	어땠어요?	9
どうですか	어때요?	2
どうやって	어떻게	復
どうやら	아무래도	7
十（とお）	열	復

遠い	멀다	6
時	때	5
～（する）時	-(으)ㄹ 때	5
解く	풀다	9
どこ	어디	復
ところ	곳	4
	데	付
ところで、ところが、ですが	그런데	1
登山	등산	2
登山に行く	등산을 가다	2
歳	나이	7
～として（資格）	-(으)로	14
図書館	도서관	復
閉じる	닫다	1
トッポキ（料理名）	떡볶이	3
とても	참	3
	너무	2
	아주	作10
隣	옆	10
隣の部屋	옆방	付
どの	어느	4
泊まる	묵다	4
止める	세우다	1
友達	친구	復
土曜日	토요일	3
ドラマ	드라마	5
トランク	트렁크	9
とりあえず	일단	8
努力する	노력하다	14
撮る	찍다	復
どれぐらい	얼마나	9
とれる	풀리다	5
トンデムン（東大門）市場	동대문시장	13
どんな～	어떤 -	4
	무슨 -	復
	아무	14

な

～な～、～の～（形容詞、指定詞の現在連体形）	-(으)ㄴ	5
～な～、～る～（未来連体形）	-(으)ㄹ	4
～ない（前置否定）	안-	復
～ない（後置否定）	-지 않다	復
ない	없다	復
～ない（禁止）	-지 말다	9
内省的、内向的	내성적	付
～ないで（禁止）	-지 말고	9
～ないでください	-지 마세요	9
	-지 마십시오	9
内容	내용	13
治る	낫다	10
中	안	6
仲	사이	11
長い	길다	5
仲がいい	사이가 좋다	作12
長く	오래	6
流す	흘리다	12
～ながら	-(으)면서	9
長らく	오래	6
流れる	흐르다	11
泣く	울다	2
なくしてしまう	잃어버리다	4
～なければならない	-아/어야 되다	13
	-아/어야 하다	
～なさいますか	-(으)시겠어요?	1
なぜ	왜	2
夏	여름	6
夏休み	여름방학	3
七十	일흔	復
7つ	일곱	復
何	무엇	復
何、何を	뭐	復
何事、何の用	무슨 일	2
何を	뭘	復
～なので（理由）	-(이)라서	2
名前	이름	1
並木道	가로수길	9
（飴を）なめる	먹다	3
舐める	핥다	付
悩む	고민하다	作9
習う	배우다	復
なる	되다	10
何～	몇-	復

何回	몇 번	作3
何月	몇 월	付
何号線	몇 호선	13
何時	몇 시	1
〜なんです	-거든요	11
何となく	그냥	11
何にも	아무것도	12
何年	몇 해	付
なんの〜	어떤 -	4
何の〜	아무 -	14
	무슨 -	復
何曜日	무슨 요일	付
何里	몇 리	付
二	이	復
〜（し）に（目的）	-(으)러	復
〜（所在・時間）に	-에	復
〜に（選択）	-(으)로	3
〜（人・動物）に（対象）	-에게	復
（尊敬の助詞）	-께	付
（話し言葉）	-한테	2
似合う	어울리다	7
苦い	쓰다	13
握る	잡다	6
肉	고기	9
〜にくい（〜しにくい）	-기 어렵다	6
二十	스물	復
二十の〜	스무 -	復
〜日	-일	復
日曜日	일요일	3
にっこり	활짝	作10
似ている	비슷하다	6
〜になる	-가/이 되다	10
〜（所在・時間）には	-엔(에는の縮約形)	9
〜（人・動物）には	-에게는	1
（話し言葉）	-한테는	7
日本	일본	4
日本語	일본어	6
	일본말	10
日本料理	일본 요리	4
〜にも	-에도	1
入院する	입원하다	7
入学	입학	付
入学する	입학하다	10

入国	입국	付
入場する	입장하다	13
ニュース	뉴스	作13
ニューヨーク	뉴욕	14
入力	입력	付
入力する	입력하다	作12
似る	닮다	5
庭	마당	作5
〜人	-사람	付
人気	인기	4
〜人前	-인분	復
脱ぐ	벗다	7
濡れる	젖다	作7
寝入る	잠이 들다	8
猫	고양이	5
値段	값	11
	가격	作7
熱	열	8
熱が出る	열이 나다	8
熱心だ	열심이다	3
熱心に	열심히	1
寝坊する	늦잠을 자다	2
眠い、眠たい	잠이 오다	3
	졸리다	作11
眠る	잠이 들다	8
眠れない	잠이 안 오다	3
寝る	자다	復
〜年	-년	復
〜年生まれ	-년생	復
〜年生	-학년	復
年末	연말	作2
〜の（所有・所属）	-의	復
ノート	노트	付
〜の（こと）が難しい	-기 어렵다	6
残す	남기다	9
残り	나머지	作12
残る	남다	付
ノック	노크	12
乗っていく	타고 가다	作6
〜ので（理由）	-아/어서	2
	-(으)니까	6
	-는데/(으)ㄴ데	8
喉	목	3

～のに	-는데/(으)ㄴ데	8
登る	오르다	11
飲む	마시다	復
（薬）飲む	먹다	2
～のように	-처럼	1
乗り換える	갈아타다	6
乗る	타다	復
～のをやめる	-지 말다	9

は

～は	-는/은	復
～は（尊敬助詞）	-께서는	1
～は？	-는요?	9
～は、～はもちろん	-(이)야	12
歯	이	12
場合	경우	11
パーティー	파티	2
ハート	하트	13
～杯	-잔	復
はい	네	1
配送	배송	11
入っている	들어 있다	13
入ってくる	들어오다	12
俳優	배우	4
入る	들다	13
	들어가다	5
～ばかり	-뿐	10
履く	신다	7
～泊～日	-박-일	付
博物館	박물관	9
箱	상자	作8
はじめて	처음	5
はじめる	시작하다	作10
場所	장소	4
走りまわる	뛰어다니다	13
走る	달리다	14
バス	버스	復
恥ずかしい	부끄럽다	13
パスポート	여권	13
働く	일하다	復
八	팔	復
八十	여든	復
発音	발음	1
初恋	첫사랑	14
発展	발전	付
発表	발표	8
発表文	발표문	8
初雪	첫눈	5
花	꽃	3
話	얘기	11
話し合う	얘기를 나누다	作12
話す	말하다	1
	얘기하다	6
	이야기하다	9
花の木	꽃나무	付
花火大会	불꽃축제	14
花見	꽃구경	12
離れる	떠나다	4
はやい	빠르다	11
速く、早く	빨리	復
早く	일찍	2
払う	치르다	11
バラの花	장미꽃	3
春	봄	3
貼る	붙이다	付
春休み	봄방학	5
腫れる	붓다	10
半	반	10
～番（番号）	-번	付
パン	빵	作3
ハンカチ	손수건	作9
ハンガン	한강	3
(漢江 河川名)		
番号札	번호표	12
ハンサムだ	잘생기다	7
バンジージャンプ	번지 점프	14
反省する	반성하다	作1
バンド	밴드	14
犯人	범인	作12
パンパンに	통통	作10
火	불	12
ピアノを弾く	피아노를 치다	14
比較的	비교적	作7
日が暮れる	날이 저물다	12
～匹、頭、羽	-마리	復
低い	작다	復

飛行機	비행기	13
ひざ	무릎	付
久しぶりだ	오래간만이다	1
美術館	미술관	3
左側	왼쪽	付
引っ越す	이사하다	6
必要	필요	4
人	사람	復
ひどい	심하다	14
1つ	하나	復
ひと月	한 달	10
1つの～	한 -	復
人々	사람들	4
1人、1人で	혼자	5
	혼자서	3
日の出	해돋이	付
ビビンパ	비빔밥	復
百	백	復
百点を取る	백점을 맞다	4
百貨店	백화점	2
病院	병원	復
美容室	미용실	11
開かれる、開く	열리다	7
昼	낮	3
昼ご飯	점심	復
昼寝をする	낮잠을 자다	14
広い	넓다	5
品質	품질	11
ファーストフード	패스트푸드	3
ファイル	파일	9
ファッション	패션	7
ファン	팬	14
ファンミーティング	팬미팅	14
夫婦	부부	作12
増える	늘다	1
深い	깊다	14
吹く	불다	4
服	옷	4
複雑だ	복잡하다	6
～袋	-봉지	付
プサン（釜山 地名）	부산	3
プサン（釜山）駅	부산역	付
富士山	후지산	5
豚	돼지	9
再び	다시	8
豚肉	돼지고기	作12
2つ	둘	復
2つとも	둘 다	8
2つの～	두 -	復
2人で	둘이서	5
二日	이틀	10
物価	물가	11
不慣れだ	서투르다	11
不服	불복	付
不便だ	불편하다	6
冬休み	겨울방학	5
（雨、雪）降る	오다	復
	내리다	7
振る	흔들다	12
プルゴギ	불고기	付
プレゼント	선물	2
～分	-분	復
文化	문화	付
紛失物	분실물	13
～へ（方向）	-(으)로	5
ヘアスタイル	머리 모양	作13
下手だ	서투르다	11
	못하다	4
部屋	방	6
部屋代	방세	付
勉強	공부	1
勉強する	공부하다	復
変更する	변경하다	8
弁当	도시락	作2
便利	편리	付
便利だ	편리하다	5
報告書	보고서	8
帽子	모자	13
～ほうだ（傾向）	-는 편이다	7
	-(으)ㄴ 편이다	
方法	방법	4
ボーイフレンド	남자 친구	2
ボーナス	보너스	作6
ボールペン	볼펜	作11
他の、別の	다른	7
募集する	모집하다	14

ほっとする	마음이 놓이다	8
ポップコーン	팝콘	作9
ホテル	호텔	4
～ほど	-쯤	5
ほどく	풀다	9
ほどける	풀리다	5
ほとんど	거의	11
褒められる	칭찬을 받다	5
本	책	復
～本（映画）	-편	作10
（花）	-송이	付
（瓶）	-병	復
本当（に）	정말	1
本屋	서점	作2
翻訳する	번역하다	7

ま

マート	마트	作3
～枚	-장	復
毎月	매달	作3
毎日	매일	3
前	앞	1
	전	13
～（する）前に（動詞）	-기 전에	12
（値段を）まける	깎다	1
真下、底	밑	付
～ましたか、かったですか	-았/었습니까?	復
～ました、かったです	-았/었습니다	復
～ました（か）、かったです（か）	-았/었어요(?)	復
～ましょう（勧誘）	-아/어요	復
	-(으)ㅂ시다	復
～ましょうか、でしょうか	-(으)ㄹ까요?	復
～ます（よ、から）	-(으)ㄹ게요	1
～ます（か）（意志・意向）	-(으)ㄹ래요(?)	11
～ます、です	-ㅂ니다/습니다	復
～ますか、ですか	-ㅂ니까/습니까?	復
～ます、です（か）	-아/어요(?)	復
まずい	맛없다	4
～ますね、ですね	-네요	3
また	또	12
まだ	아직	1
待つ	기다리다	復
全く	전혀	5
～まで	-까지	復
窓	창문	1
窓側	창가 쪽	11
学ぶ	배우다	復
まもなく	곧	6
守らない	어기다	作6
守る	지키다	13
万	만	復
漫画	만화	9
満腹だ	부르다	4
見える	보이다	10
磨く	닦다	12
短い	짧다	5
ミス	실수	作11
水	물	10
水際	물가	付
水冷麺	물냉면	11
店	가게	7
見せる	보이다	1
味噌チゲ	된장찌개	5
道	길	1
見つける	찾다	4
3つ	셋	復
3つの～	세 -	復
見て回る、見渡す	둘러보다	7
身分証	신분증	5
ミョンドン（明洞）駅	명동역	4
見る、観る	보다	1
みんな	모두	作1
昔	예전	11
難しい	어렵다	6
息子	아들	作4
結ぶ	잇다	10
夢中になる	빠지다	7
6つ	여섯	復
みやみに	함부로	作9
無理する	무리하다	9
目	눈	10
～名	-명	復
～名様	-분	付

目上の人	윗사람	作13
メール	메일	1
眼鏡	안경	7
眼鏡をかける	안경을 쓰다	7
召し上がる	드시다, 잡수시다	復
メニュー（板）	메뉴판	1
面接	면접	12
～も	-도	復
～も（強調・驚き）	-(이)나	10
もう	벌써	3
もう一度	다시	8
	다시 한번	作1
申し訳ない	죄송하다	2
もうすぐ	곧	6
	이제	8
もう少し	조금 더	7
もし、もしかして	혹시	2
もしもし	여보세요	2
もちろん	물론	1
もちろんです	그럼요	11
持つ	들다	6
持っていく	가져가다	13
	가지고 가다	7
もっと	더	5
もっとも	가장	4
モデル	모델	10
元の場所	제자리	12
求める	구하다	作6
もともと	원래	付
もの	것	4
	거（것の縮約形）	付
物	물건	4
ものが	게（것이の縮約形）	8
モバイルペイ	모바일페이	1
模様	모양	13
もらう	받다	2
門	문	7
問題	문제	9
問題集	문제집	9

や

～や	-(이)랑	3
野球	야구	7
夜勤	야근	作13
約束	약속	2
野菜	야채	7
易しい	쉽다	6
安い	싸다	復
～(し)やすい	-기 쉽다	6
休む	쉬다	2
痩せる	살이 빠지다	9
薬局	약국	11
8つ	여덟	復
破る	어기다	作6
山	산	5
山火事	산불	付
山つつじの花	진달래꽃	12
（雨）止む	그치다	3
やめる	끊다	14
やわらぐ	풀리다	5
憂鬱だ	우울하다	5
遊園地	놀이공원	14
夕方	저녁	5
夕食	저녁	5
ユーチューブ	유튜브	9
有名だ	유명하다	復
ユーモア	유머	4
遊覧船	유람선	3
雪	눈	2
雪が降る	눈이 오다	2
雪だるま	눈사람	12
ゆっくり	천천히	6
ゆっくりと	푹	2
夢	꿈	10
世	세상	10
良い	좋다	復
容易だ	쉽다	6
～ようだ（推測）	-것 같다	7
～ようと	-(으)려고	12
～ようと思う	-(으)려고 하다	12
～ように	-처럼	1
～ようになる	-게 되다	14
よく（うまく、元気に）	잘	1
よく（頻繁に）	자주	2
翌日	다음 날	14
翌年	다음 해	14

横	옆	10
横になる	눕다	7
4つ	넷	復
4つの～	네 -	復
予定	예정	4
夜中	밤중	付
世の中	세상	10
呼ぶ	부르다	4
読む	읽다	復
予約	예약	8
～より	-보다	1
夜	밤	3
弱い	약하다	14
四	사	復
4号線	사호선	13
四十	마흔	復

ら

～ら（複数の接尾語）	-들	3
ラーメン	라면	2
ラーメンを作る	라면을 끓이다	2
来週	다음 주	2
来年	내년	4
理解する（聞き分ける）	알아듣다	9
リフォーム	리폼	10
リムジン	리무진	11
留学する	유학하다	4
留学生	유학생	7
留学に行く	유학을 가다	12
流行	유행	14
寮	기숙사	10
両替する	환전하다	12
利用する	이용하다	9
両方とも	둘 다	10
料理	요리	2
	음식	4
旅券	여권	13
旅行	여행	4
旅行会社	여행사	8
旅行する	여행하다	3
旅行に行く	여행을 가다	12
～る～	-(으)ㄹ	4
（動詞の未来連体形）		
零	영	復
列を作る	줄을 서다	7
～れば（仮定）	-(으)면	復
レポート	리포트	5
～(ら)れました	-(으)셨습니다	復
～(ら)れましたか	-(으)셨습니까?	復
～(ら)れました(か)	-(으)셨어요(?)	復
～(ら)れます	-(으)십니다	復
～(ら)れますか	-(으)시겠어요?	1
練習する	연습하다	復
連続ドラマ	연속극	14
連絡	연락	5
連絡先	연락처	13
連絡する	연락하다	2
六	육	復
録音する	녹음하다	14
60	육십	復
六十	예순	復

わ

ワ～（感嘆）	와	3
若い	젊다	5
沸かす	끓이다	2
わかめスープ	미역국	8
わからない	모르다	8
わかりました	알겠어요	3
	알겠습니다	7
わかる	알다	復
別れる	헤어지다	2
忘れてしまう	잊어버리다, 잊다	8
忘れられる	잊히다	付
忘れる	잊다	14
私、わたくし	저	復
私が	제가	復
私たち	우리	10
私の	제	復
私は	전(저는の縮約形)	9
私はもちろん	저야	12
笑う	웃다	10
割り込み	새치기	13
悪い	나쁘다	復
割れる	깨지다	6
ワンピース	원피스	13
～を	-를/을	復

金孝珍（キム ヒョジン）

韓国全羅南道出身。1996年来日。明治大学大学院文学研究科博士課程修了。
明治大学、中央学院大学、中央大学非常勤講師。

李英珠（イ ヨンジュ）

東京大学大学院総合文化研究科博士課程単位取得退学。
青山学院大学、國學院大學、専修大学、中央大学非常勤講師。

北原スマ子（きたはら すまこ）

東京都立大学大学院人文科学研究科博士課程単位取得退学。
元日本女子大学文学部客員教授。

もっとレベルアップ　楽しもう韓国語

2022年3月30日　初版発行
2024年3月25日　2刷発行

著　者　金孝珍・李英珠・北原スマ子
発行者　佐藤和幸
発行所　株式会社　白帝社
〒171-0014 東京都豊島区池袋 2-65-1
電話 03-3986-3271　FAX 03-3986-3272
https://www.hakuteisha.co.jp
組　版　(株)アイ・ビーンズ
印刷・製本　ティーケー出版印刷

本文イラスト　文愛実　©aesilm2021
表紙デザイン　(株)アイ・ビーンズ

Printed in Japan〈検印省略〉　ISBN 978-4-86398-458-5
＊定価は表紙に表示してあります。

朝鮮半島の地図

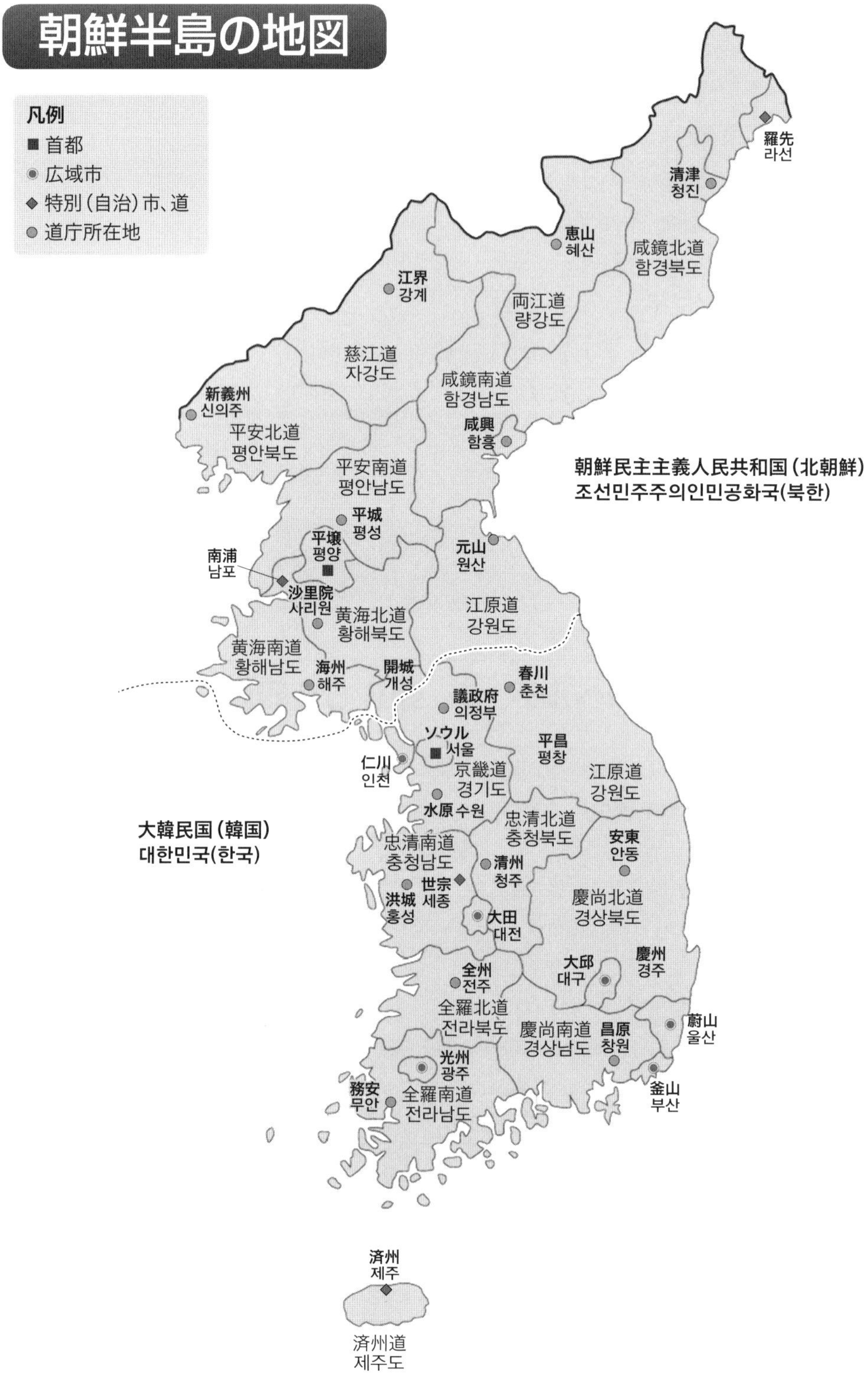

凡例
首都
広域市
特別（自治）市、道
道庁所在地
羅先
라선
清津
청진
恵山
혜산
咸鏡北道
함경북도
江界
강계
両江道
량강도
慈江道
자강도
咸鏡南道
함경남도
新義州
신의주
平安北道
평안북도
咸興
함흥
平安南道
평안남도
朝鮮民主主義人民共和国（北朝鮮）
조선민주주의인민공화국(북한)
平城
평성
南浦
남포
平壌
평양
元山
원산
沙里院
사리원
黄海北道
황해북도
江原道
강원도
黄海南道
황해남도
海州
해주
開城
개성
春川
춘천
議政府
의정부
ソウル
서울
平昌
평창
仁川
인천
京畿道
경기도
江原道
강원도
水原
수원
大韓民国（韓国）
대한민국(한국)
忠清北道
충청북도
忠清南道
충청남도
安東
안동
清州
청주
世宗
세종
洪城
홍성
慶尚北道
경상북도
大田
대전
全州
전주
大邱
대구
慶州
경주
全羅北道
전라북도
慶尚南道
경상남도
昌原
창원
蔚山
울산
光州
광주
務安
무안
全羅南道
전라남도
釜山
부산
済州
제주
済州道
제주도